9~10岁 儿童青少年
体质健康测试达标
教学与训练指南

王雄 ▸ 主编

人民邮电出版社

北 京

图书在版编目（CIP）数据

儿童青少年体质健康测试达标教学与训练指南. 9～
10岁 / 王雄主编. -- 北京 : 人民邮电出版社，2022.3
ISBN 978-7-115-57757-3

Ⅰ. ①儿… Ⅱ. ①王… Ⅲ. ①少年儿童－体育锻炼标
准－运动训练－教学法－中国－指南 Ⅳ.
①G808.17-62

中国版本图书馆CIP数据核字(2021)第227592号

免责声明

本书内容旨在为大众提供有用的信息。所有材料（包括文本、图形和图像）仅供参考，不能替代医疗诊断、建议、治疗或来自专业人士的意见。所有读者在需要医疗或其他专业协助时，均应向专业的医疗保健机构或医生进行咨询。作者和出版商都已尽可能确保本书技术上的准确性以及合理性，并特别声明，不会承担由于使用本出版物中的材料而遭受的任何损伤所直接或间接产生的与个人或团体相关的一切责任、损失或风险。

内 容 提 要

本书紧紧围绕9～10岁儿童在进行体质健康测试训练时存在的实际问题，提供切实可行、简单易学的解决方案。本书首先概述体质健康测试的意义，解读9～10岁儿童体质健康测试的项目和标准，阐述他们的身心发展特点和训练注意事项；接着针对9～10岁儿童的各项测试（BMI、肺活量、坐位体前屈、50米跑、1分钟跳绳、1分钟仰卧起坐），系统、详细地介绍测试的意义、影响因素、规则、要点、典型问题与解决建议、注意事项，以及有助于提升测试成绩的推荐练习；最后提供以2周为进阶周期的全学年训练计划，小学教师、儿童体能教练和家长均可参考或直接使用。

◆ 主　编　王　雄
　　责任编辑　王若璇
　　责任印制　马振武
◆ 人民邮电出版社出版发行　　北京市丰台区成寿寺路 11 号
　　邮编　100164　　电子邮件　315@ptpress.com.cn
　　网址　https://www.ptpress.com.cn
　　雅迪云印（天津）科技有限公司印刷
◆ 开本：700×1000　1/16
　　印张：13.75　　　　　　　　　2022 年 3 月第 1 版
　　字数：379 千字　　　　　　　2022 年 3 月天津第 1 次印刷

定价：68.00 元

读者服务热线：(010)81055296　印装质量热线：(010)81055316
反盗版热线：(010)81055315
广告经营许可证：京东市监广登字 20170147 号

编委会

主编　王雄

编委　崔雪原、付子艺、王若璇、李潇爽、赵芮、刘也、朱昌宇、何璘瑄、徐凌、宋俊辰、王晓斐、索冉、周涛

专家顾问成员

张　冰——清华大学体育与健康科学研究中心主任，教授，博士生导师

闫　琪——国家体育总局体育科学研究所研究员，奥运金牌运动员体能教练

徐建方——国家体育总局体育科学研究所国民体质与科学健身研究中心主任，研究员

孙　伟——北京教育科学研究院基础教育教学研究中心课外活动教研室主任

高志清——北京市体育科学研究所副所长，研究员，北京市体育科学学会副秘书长

张欣欣——北京市史家小学副校长，北京市骨干教师，国培计划小学体育骨干教师培训导师

李　波——北京市东城区教育科学研究院体育教研员，北京市骨干教师，北京市东城区教学指导委员会体育学科主任

冯　娟——国家体育总局训练局青少年俱乐部田径、体能训练专家，高级教练

姜天赐——中国儿童中心教育活动部副部长，儿童体育兴趣培养专家

彭庆文——怀化学院体育与健康学院院长，教授，幼儿体育活动研究专家

黄　波——华南师范大学体育学院副院长，教授，广东省学生体育艺术联合会游泳分会秘书长

惠若琪——排球奥运冠军，惠基金发起人，元气排球发起人

范忆琳——体操世界冠军，范忆琳体操俱乐部创始人

陈凤林——广州市第一中学体育教师，高级教师（体育），广州市名教师工作室负责人，广州市荔湾区体教结合篮球项目总教练

韩　军——深圳市华丽小学校长，深圳市督学，中国青少年近视防控"慧眼工程"创始人

王宝华——北京市板厂小学副校长，高级教师（体育）

张　旎——北京市十一中学一级体育教师，艺术体操国家一级运动员

吴永新——北京市培新小学体育教师，全国田径中级教练员

卢钦龙——北京市培新小学科研主任、高级教师（体育）、北京市东城区体育学科带头人

彭永胜——北京市育英学校教师，校游泳队总教练，游泳国家一级裁判

董　琦——北京邮电大学体育部副教授，博士，青少年游泳体能训练专家

孙士家——"家源学苑"创始人，"心源家长学堂"公益性家庭教育在线指导平台发起人

谭廷信——华南师范大学科教体育教研组原组长，"惠运动"数字体育平台发起人，惠考中考体育发起人

吴　东——能量学院儿童体能培训机构创始人、首席技术官

刘　派——优思博儿童体育创始人，儿童教研专家

Ken Vick——美国VSP运动表现机构首席专家，美国青少年Spark课程项目技术顾问

Randy Huntington——美国著名田径教练，现中国国家田径队苏炳添等重点队员主教练

图片说明

动作演示模特　国家体育总局训练局青少年俱乐部成员（拍摄时）：刘子墨、付晨雨、
张凯鑫、张梓葳、吴浚豪

动作指导　国家体育总局训练局体能康复中心体能训练师：沈兆喆、崔雪原

内文图片　人民邮电出版社有限公司版权所有

内文图片制作团队　北京灌木文化发展有限责任公司

封面照片　摄图·新视界授权使用

在线视频访问说明

本书提供了推荐练习的在线视频，可通过微信"扫一扫"，扫描每章第1页或本页的二维码进行观看。

● **步骤1**
点击微信聊天界面右上角的"+"，弹出功能菜单（图1）。

● **步骤2**
点击弹出的功能菜单上的"扫一扫"，进入该功能界面，扫描每章第1页或右侧的二维码。

● **步骤3**
如果您未关注微信公众号"人邮体育"，扫描后会出现"人邮体育"的二维码。请根据说明关注"人邮体育"，并点击"资源详情"（图2），观看视频（图3）。如果您已关注微信公众号"人邮体育"，扫描后可直接观看视频（图3）。

图1

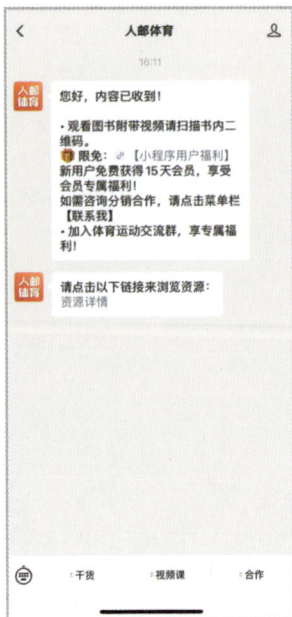

图2

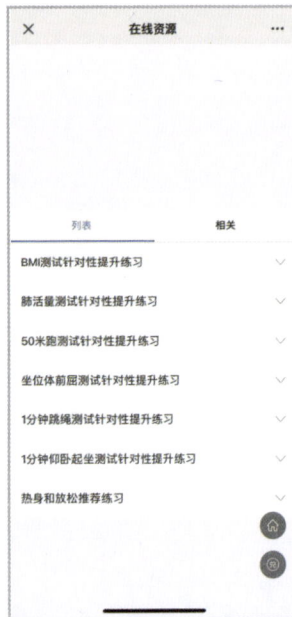

图3

目录

认识体质健康测试

《学生体质健康标准》于2002年试行，2007年修改和完善后正式更名为《国家学生体质健康标准》，2014年针对存在的突出问题进行了再次修订，形成现行的《国家学生体质健康标准（2014年修订）》（以下简称《标准》）。《标准》从身体形态、身体机能和身体素质等方面综合评定学生的体质健康水平，已经成为各学校开展体育教育工作的重要指导性文件。《标准》要求各学校每学年开展覆盖本校各年级学生的测试工作，这些测试也成为大多数学校体育课考试不可或缺的一部分。

《标准》开篇就明确指出了其所具有的重要意义：国家学校教育工作的基础性指导文件和教育质量基本标准；评价学生综合素质、评估学校工作和衡量各地教育发展的重要依据；《国家体育锻炼标准》在学校的具体实施；促进学生体质健康发展、激励学生积极进行身体锻炼的教育手段；国家学生发展核心素养体系和学业质量标准的重要组成部分；学生体质健康的个体评价标准。

《标准》明确了适用对象及其组别划分。《标准》的适用对象为全日制普通小学、初中、普通高中、中等职业学校、普通高等学校的学生，其组别划分如下：小学、初中、高中按每个年级为一组，其中小学为6组、初中为3组、高中为3组；大学一、二年级为一组，三、四年级为一组。

《标准》还说明了各个组别的测试项目及评分标准。测试项目的选择充分考虑了个体生长发育的阶段性特征和身体素质发展的敏感期，评分标准则在参阅《国家体育锻炼标准》和部分省、自治区、直辖市"高中体育会考标准"等标准的基础上，根据我国学生体质健康的实际水平，采用百分位数、分段累进计分法等统计方法得出 [2]。小学、初中、高中、大学各组别的测试指标均为必测指标。其中，身体形态类中的身高、体重，身体机能类中的肺活量，以及身体素质类中的50米跑、坐位体前屈为各年级学生共性指标。9~10岁儿童多为三、四年级学生。三、四年级学生体质健康测试项目及评分标准详见第4~10页。

各年级学生共性指标

身体形态 01	身体机能 02	身体素质 03
身高 体重	肺活量	50米跑 坐位体前屈

《标准》也对测试的学年总分的计算方法和等级评定标准做出了规定。学年总分为标准分与附加分之和，满分为120分。标准分为各单项指标得分与权重乘积之和，满分为100分。附加分根据实测成绩确定，即对成绩超过100分的加分指标进行加分，满分为20分；小学的加分指标为1分钟跳绳，加分上限为20分；初中、高中和大学的加分指标为男生引体向上和1000米跑，女生1分钟仰卧起坐和800米跑，各指标加分上限均为10分。等级评定标准：90.0分及以上为优秀，80.0～89.9分为良好，60.0～79.9分为及格，59.9分及以下为不及格。

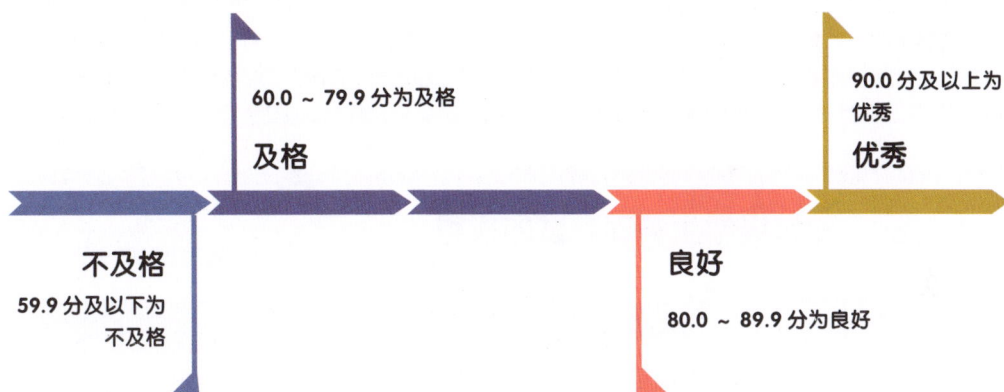

60.0～79.9 分为及格

及格

90.0 分及以上为优秀

优秀

不及格

59.9 分及以下为不及格

良好

80.0～89.9 分为良好

　　《标准》同时指出了测试的学年总分对学生的重要影响。在每学年，学生测试成绩评定达到良好及以上者，方可参加评优与评奖；测试成绩达到优秀者，方可获体育奖学分；测试成绩评定不及格者，在本学年准予补测一次，若补测仍不及格，则学年测试成绩评定为不及格。学生毕业时的成绩为毕业当年学年总分的50%与其他学年总分平均分的50%之和，并以此成绩进行等级评定。普通高中、中等职业学校和普通高等学校的学生毕业时，测试成绩达不到50分者按结业或肄业处理。

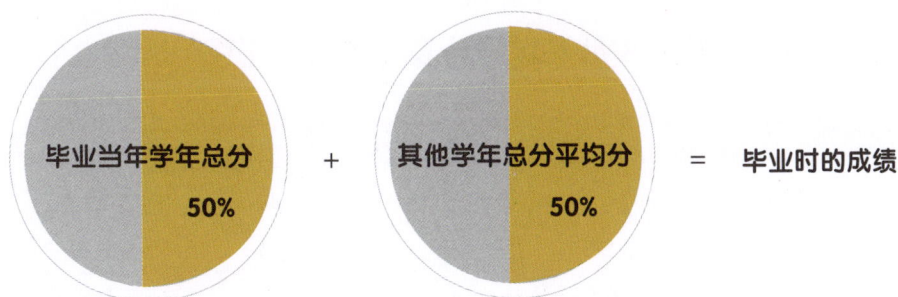

毕业当年学年总分 50% ＋ **其他学年总分平均分 50%** ＝ **毕业时的成绩**

9~10岁儿童多为三、四年级学生。三、四年级学生体质健康测试项目共6个：身体质量指数（BMI）、肺活量、50米跑、坐位体前屈、1分钟跳绳和1分钟仰卧起坐。各项测试的权重见表1.1；各项测试的评分标准见表1.2~1.7，其中，BMI测试成绩精确到0.1千克/米²，肺活量测试成绩精确到1毫升，50米跑测试成绩精确到0.1秒，坐位体前屈测试成绩精确到0.1厘米，1分钟跳绳测试成绩精确到1次，1分钟仰卧起坐测试成绩精确到1次；高优指标1分钟跳绳测试的加分标准见表1.8。

表 1.1 **三、四年级学生各项测试的权重**

单项指标	权重（%）
BMI	15
肺活量	15
50 米跑	20
坐位体前屈	20
1 分钟跳绳	20
1 分钟仰卧起坐	10

源自：《国家学生体质健康标准（2014 年修订）》。

表 1.2 **三、四年级学生 BMI 测试评分表（单位：千克 / 米²）**

等级	得分	三年级男生	三年级女生	四年级男生	四年级女生
正常	100	13.9~19.4	13.6~18.6	14.2~20.1	13.7~19.4
低体重	80	≤ 13.8	≤ 13.5	≤ 14.1	≤ 13.6
超重	80	19.5~22.1	18.7~21.1	20.2~22.6	19.5~22.0
肥胖	60	≥ 22.2	≥ 21.2	≥ 22.7	≥ 22.1

源自：《国家学生体质健康标准（2014 年修订）》。

表 1.3 **三、四年级学生肺活量测试评分表（单位：毫升）**

等级	得分	三年级男生	三年级女生	四年级男生	四年级女生
优秀	100	2300	1800	2600	2000
	95	2200	1700	2500	1900
	90	2100	1600	2400	1800
良好	85	1900	1500	2150	1700
	80	1700	1400	1900	1600
及格	78	1620	1340	1820	1530
	76	1540	1280	1740	1460
	74	1460	1220	1660	1390
	72	1380	1160	1580	1320
	70	1300	1100	1500	1250
	68	1220	1040	1420	1180
	66	1140	980	1340	1110
	64	1060	920	1260	1040
	62	980	860	1180	970
	60	900	800	1100	900
不及格	50	840	780	1030	880
	40	780	760	960	860
	30	720	740	890	840
	20	660	720	820	820
	10	600	700	750	800

源自：《国家学生体质健康标准（2014 年修订）》。

表1.4 **三、四年级学生 50 米跑测试评分表（单位：秒）**

等级	得分	三年级男生	三年级女生	四年级男生	四年级女生
优秀	100	9.1	9.2	8.7	8.7
	95	9.2	9.3	8.8	8.8
	90	9.3	9.4	8.9	8.9
良好	85	9.4	9.7	9.0	9.2
	80	9.5	10.0	9.1	9.5
及格	78	9.7	10.2	9.3	9.7
	76	9.9	10.4	9.5	9.9
	74	10.1	10.6	9.7	10.1
	72	10.3	10.8	9.9	10.3
	70	10.5	11.0	10.1	10.5
	68	10.7	11.2	10.3	10.7
	66	10.9	11.4	10.5	10.9
	64	11.1	11.6	10.7	11.1
	62	11.3	11.8	10.9	11.3
	60	11.5	12.0	11.1	11.5
不及格	50	11.7	12.2	11.3	11.7
	40	11.9	12.4	11.5	11.9
	30	12.1	12.6	11.7	12.1
	20	12.3	12.8	11.9	12.3
	10	12.5	13.0	12.1	12.5

源自：《国家学生体质健康标准（2014年修订）》。

表 1.5 **三、四年级学生坐位体前屈测试评分表（单位：厘米）**

等级	得分	三年级男生	三年级女生	四年级男生	四年级女生
优秀	100	16.3	19.2	16.4	19.5
	95	14.9	17.9	15.0	18.1
	90	13.4	16.6	13.6	16.9
良好	85	11.8	14.9	11.7	15.0
	80	10.2	13.2	9.8	13.1
及格	78	9.1	12.1	8.6	12.0
	76	8.0	11.0	7.4	10.9
	74	6.9	9.9	6.2	9.8
	72	5.8	8.8	5.0	8.7
	70	4.7	7.7	3.8	7.6
	68	3.6	6.6	2.6	6.5
	66	2.5	5.5	1.4	5.4
	64	1.4	4.4	0.2	4.3
	62	0.3	3.3	−1.0	3.2
	60	−0.8	2.2	−2.2	2.1
不及格	50	−1.6	1.4	−3.2	1.3
	40	−2.4	0.6	−4.2	0.5
	30	−3.2	−0.2	−5.2	−0.3
	20	−4.0	−1.0	−6.2	−1.1
	10	−4.8	−1.8	−7.2	−1.9

源自：《国家学生体质健康标准（2014 年修订）》。

第一章 认识体质健康测试

表 1.6 **三、四年级学生 1 分钟跳绳测试评分表（单位：次）**

等级	得分	三年级男生	三年级女生	四年级男生	四年级女生
优秀	100	126	139	137	149
	95	121	132	132	142
	90	116	125	127	135
良好	85	110	117	121	127
	80	104	109	115	119
及格	78	97	102	108	112
	76	90	95	101	105
	74	83	88	94	98
	72	76	81	87	91
	70	69	74	80	84
	68	62	67	73	77
	66	55	60	66	70
	64	48	53	59	63
	62	41	46	52	56
	60	34	39	45	49
不及格	50	31	36	42	46
	40	28	33	39	43
	30	25	30	36	40
	20	22	27	33	37
	10	19	24	30	34

源自：《国家学生体质健康标准（2014 年修订）》。

表 1.7 **三、四年级学生1分钟仰卧起坐测试评分表（单位：次）**

等级	得分	三年级男生	三年级女生	四年级男生	四年级女生
优秀	100	48	46	49	47
	95	45	44	46	45
	90	42	42	43	43
良好	85	39	39	40	40
	80	36	36	37	37
及格	78	34	34	35	35
	76	32	32	33	33
	74	30	30	31	31
	72	28	28	29	29
	70	26	26	27	27
	68	24	24	25	25
	66	22	22	23	23
	64	20	20	21	21
	62	18	18	19	19
	60	16	16	17	17
不及格	50	14	14	15	15
	40	12	12	13	13
	30	10	10	11	11
	20	8	8	9	9
	10	6	6	7	7

源自：《国家学生体质健康标准（2014年修订）》。

表 1.8 **小学各个年级学生 1 分钟跳绳测试加分表（单位：次）**

加分[a]	所有学生[b]
20	40
19	38
18	36
17	34
16	32
15	30
14	28
13	26
12	24
11	22
10	20
9	18
8	16
7	14
6	12
5	10
4	8
3	6
2	4
1	2

[a] 学生测试成绩超过单项评分 100 分后，以超过的次数所对应的分数进行加分。

[b] 小学各个年级的男生和女生使用同样的标准。

源自：《国家学生体质健康标准（2014 年修订）》。

从出生到成年，人体的各个器官、系统的形态、组成和功能等都在不断地发展和完善，这就是个体的"生长发育"过程。受遗传和环境因素的影响，不同个体的生长发育具有一定的差异，但整体而言，个体的生长发育具有阶段性、连续性和不平衡性三大共同特征。个体各个器官、系统在不同年龄段的发展速度、幅度和状态都是不一样的，例如，个体的身高在胎儿期和青春期的增速明显快于其他时期，这体现了个体生长发育的阶段性。同时，个体在每个阶段的生长发育都是连续的，上一阶段的生长发育情况会对下一阶段的生长发育情况产生一定的影响，这体现了个体生长发育的连续性。此外，个体各个器官、系统在同一年龄段的发展情况不一样，例如，神经系统发育较早、生殖系统发育较晚，这体现了个体生长发育的不平衡性[3]。

小学生的年龄一般为6~12岁，他们在处于儿童期。在这个时期，个体的各项身体机能均处于平缓发展期。小学生的骨骼富有弹性、硬度较低，因而易变形和脱臼，不易骨折；关节较松弛，活动范围较大；肌肉中的水分较多，碳水化合物、蛋白质、脂肪和无机盐含量较少，肌纤维较细，因而肌肉的柔韧性较好，力量较小、耐力较差；呼吸、心血管和神经系统的发育均不成熟，心率普遍偏高（与成人相比）；活泼好动，注意力易分散，易于疲劳但恢复较快，动作协调性、准确性较差[4]。但相较于一、二年级学生，三、四年级学生的各个系统进一步发展，动作控制能力有所增强，错误动作相对减少。

身体素质是个体各项身体机能的外在表现，因此也具有生长发育过程的阶段性、连续性和不平衡性特征，个体各项身体素质在不同年龄段的发展速度不同，即使在同一年龄段，有的个体的身体素质发展处于高峰时期，而有的个体的身体素质发展较为缓慢。身体素质发展的高峰时期被称为该项身体素质的"敏感期"，也被称为"窗口期""训练机会之窗""最佳训练能力窗口"。只有遵循人体生长发育的规律，在适当的时候着重发展相应的身体素质，才能让学习和训练事半功倍。

鉴于敏感期在儿童和青少年身体训练方面具有的重要指导作用，国内外大量学者对其进行了深入的研究。但是，由于个体的生长发育受遗传、营养和运动等多种因素的影响，且存在一定的个体差异，不同研究对各项身体素质的敏感期的划分并不统一，目前大家普遍接受的是运动员长期发展（Long-Term Athlete Development，LTAD）模型[5]。按照LTAD模型，儿童和青少年的身体素质敏感期有13个。就三、四年级学生而言，男生处于柔韧性、速度和技术的第一敏感期，女生处于速度、技术和力量的第一敏感期。但由于学生的入学年龄不同，彼此间也存在差异。家长或教师可根据下一页图所示的学生实际年龄确定其所处的敏感期，以此为参考并结合实际情况来确定训练方案。

儿童和青少年各项身体素质的敏感期对应的年龄区间

男生

年龄	4	5	6	7	8	9	10	11	12	13	14	15	16	17	18	19	20	21	22	23	24	25
柔韧性		第一敏感期							第二敏感期													
速度				第一敏感期						第二敏感期												
技术						第一敏感期					第二敏感期											
协调性									敏感期													
力量 a									敏感期第一阶段				敏感期第二阶段					敏感期第三阶段				
耐力									第一敏感期					第二敏感期								
爆发力												敏感期										

女生

年龄	4	5	6	7	8	9	10	11	12	13	14	15	16	17	18	19	20	21	22	23	24	25
柔韧性	第一敏感期							第二敏感期														
速度			第一敏感期						第二敏感期													
技术					第一敏感期					第二敏感期												
协调性								敏感期														
力量 b							敏感期第一阶段				敏感期第二阶段					敏感期第三阶段						
耐力								第一敏感期					第二敏感期									
爆发力										敏感期												

a 男生身高突增期后的6~12个月是敏感期第一阶段，力量的增长速度最快；之后进入敏感期第二、第三阶段，力量的增长速度逐渐放缓。

b 女生身高突增期或月经初潮后是敏感期第一阶段，力量的增长速度最快；之后进入敏感期第二、第三阶段，力量的增长速度逐渐放缓。

源自：《儿童身体训练动作手册：拉伸训练》。

三、四年级学生处于从一、二年级向五、六年级过渡的时期，其心理会发生一些变化，具有与一、二年级时截然不同的特征。三、四年级是培养学生行为习惯和意志品质的关键时期。经过两年的学习与培养，三、四年级学生已经形成了一定的行为习惯，家长需格外注意引导他们巩固良好的习惯并及时纠正不良的习惯。此外，这个阶段的学生呈现出一定的独立性，但自控力较差，家长仍需对其进行适当的监督。在注意力的保持上，他们的保持时间和有意注意的比例都有所增长。在学习和理解能力上，他们的思维正从形象思维向抽象思维过渡，但仍以形象思维为主。需要特别注意的是，三、四年级是培养学生自信心的关键阶段，家长应适时给予他们表扬和鼓励。

　　综上所述，三、四年级学生的训练应向处于敏感期的身体素质倾斜，同时均衡发展其他身体素质。与一、二年级学生相似，他们仍不需要进行大负荷的力量训练，但训练的时间和强度可以适当增加，仍应以直观、有趣、涉及全身（且最好有团队配合）的游戏为主，但可以循序渐进地增加一些自重练习及动作更为复杂的练习，从而全方位地发展学生的基本动作技能，增强学生的身体机能，发展其神经对肌肉的控制力，提高其各项身体素质。家长还要及时发现学生在规律锻炼方面的不良习惯并引导他们改正。在对学生进行指导时，家长可使用一些复杂的句子进行更深入的讲解，但最好辅以形象化的演示。此外，家长要多对学生进行鼓励和表扬，进行批评教育时要注意方式方法。

任何训练首先要确保训练的安全，其次则要确保训练的有效性。为了确保这两点，家长在指导三、四年级学生进行训练时应注意以下几点。

◎ 提前做好训练规划

前文已经分析过，三、四年级学生具有自身独特的身心特点，家长必须以运动科学为基础，系统制订符合其需求和特点的长期和短期训练方案。学期训练规划应具有周期性，需循序渐进地提升训练强度，进行涉及影响体质健康测试成绩的所有身体素质和薄弱项目的针对性训练。每个训练日的安排要既全面又细致，根据时间和目标统筹安排所有不可或缺的训练板块，这样不仅有助于更好地把控训练过程，让训练节奏符合科学规律，又能将实际训练时长控制在计划范围内，不占用学生学习和休闲的时间，还能最大限度地降低意外事件的发生概率。此外，家长还要经常与学生及其教师沟通，了解学生在学校的训练内容和身体素质短板，结合教师的训练建议，形成更具针对性的家庭训练方案。

● 专业建议

对每个训练日的规划至少应包括以下几个方面的内容。

1.训练版块。每个训练日均应包含热身、正式训练和放松三大板块。在正式训练板块中，又应根据当日训练目标设置针对性的小板块。

2.训练动作、训练节奏、训练量和间歇。提前列出每个训练板块包含哪些训练动作，每个训练动作应以什么节奏进行和重复多少次（或保持多久、行进多远等），共进行几组训练，训练动作与训练动作之间和训练组与训练组之间休息多久等。

3.使用的指导语和提示语。例如，对于一些学生容易遗忘重点或做错的训练动作，可能会使用哪些指导语（还可以搭配动作演示）来帮助学生想起重点或正确动作；在训练过程中，可能会在什么时间、用哪些提示语来提醒学生每个训练动作的节奏、要点和剩余训练量，以及下一个训练动作是什么。三、四年级学生已具备一定的动作控制能力，动作的准确率大幅提升，在其训练的过程中，家长应多多对其进行表扬，这在一方面能强化他们对动作要点的记忆，在另一方面则能培养他们的自信心。如要发现他们的动作存在错误，家长应通过动作演示和委婉的提示来给予正确的指导，如"这样做会更好""我们试一下这样做"等。

◎ 提前掌握训练动作

在训练之前，教师应该和学生就训练动作进行沟通，充分了解学生对即将用到的热身、正式训练和放松动作的掌握情况。教师可以让学生演示这些训练动作，并从旁检查其动作是否正确。如果学生存在动作错误或不到位的情况，教师应及时指出并帮助其纠正；如果发现学生因力量不足、关节受限等问题而无法正确地完成动作，教师应及时调整训练规划，将其更换为更适合学生的动作。教师一定要确保学生非常了解且可以正确完成所有的训练动作，避免因纠正动作而影响训练节奏，或因动作错误、出现代偿而降低训练效果甚至导致学生出现运动损伤。

◎ 训练之前充分准备

在训练之前，教师应充分做好场地和装备方面的准备，为学生安全地进行训练保驾护航。在场地方面，教师必须提前检查训练环境是否安全，确保训练地面平整且不过于光滑、场地大小和高度能满足训练需求及训练环境中没有任何可能绊倒、砸伤学生的危险物品等。如果在室外进行训练，教师还要提前关注天气状况，规避大风、高温等恶劣天气。在装备方面，教师一方面要提前准备好训练时会用到的所有器械并对其进行安全检查，确保所有器械完好，不存在危险因素；另一方面要提前提醒学生穿着运动服和运动鞋，不佩戴饰品，不携带较重的物品。

◎ 全面了解并随时关注学生状况

只有做到以下内容，才能从源头上规避风险。首先，全面了解学生的体质健康测试成绩，制订与学生水平相匹配的训练规划。其次，全面掌握学生的健康史和训练当天的健康状况，基于这些信息对当天的训练规划进行适当的调整，并提前针对可能发生的意外情况形成风险预案。最后，在训练过程中要随时关注学生的状况，学生也要及时反馈身体感觉，一旦学生出现身体不适，要立即停止训练，必要时请及时就医。此外，还要特别注意三、四年级学生在训练间歇时的状况，尽量不要让他们四处乱跑，教师应指导他们好好休息，为接下来的训练做好准备。

◎ 不能忽视热身和放松

热身和放松是训练中必不可少的两个部分，其重要性绝不亚于正式训练。热身可以加快血流速度、提高呼吸频率及提升肌肉温度，从而提升柔韧性和协调性，让身体为即将进行的正式训练做好准备，这样有助于提升训练效果并延迟疲劳、降低损伤风险。放松可以让身体的各项生理指标逐渐恢复到训练前的水平，避免血压急剧降低等风险；还可以排除体内的代谢废物，这有助于减缓肌肉酸痛。教师应重视这两个部分，也应让学生了解其重要性，从而更好地督促学生认真对待热身和放松。

◎ 提醒学生及时补水

水是人体必需的营养素，学生在训练时应保持体内的水代谢处于平衡状态。缺水会对运动表现产生不小的负面影响，严重时还会危及身体健康。训练时，身体会通过出汗来降温，这会让身体损失水分和电解质等物质。因此，学生应及时补充水分（包括运动前、中和后），避免脱水。一般来说，学生可以在训练前后和训练时每15分钟补充适量的水分。如果在天气炎热的室外进行训练，学生应适度增大饮水量，还应选择合适的运动饮料来补充电解质。当训练超过一小时时，学生还应适当补充能量，但切忌饮水过量。

BMI 测试

2.1 认识 BMI 测试

BMI的全称为Body Mass Index，即身体质量指数，该指标反映了个体身高和体重的关系，计算公式为BMI=体重（千克）/身高^2（米^2）。BMI由世界卫生组织（WHO）于1990年公布，是目前国际上通用的衡量个体胖瘦和健康程度的指标之一。在BMI测试中，学生按规定站在测试仪上获取身高和体重数据，然后即可计算出BMI值，计算结果应精确到0.1千克/米^2。儿童和青少年处于生长发育的重要阶段，身高和体重都是重要的发育指标。BMI用于评价儿童和青少年在当前身高下体重是否正常，从而及时发现他们可能存在的营养不良或肥胖问题。研究表明，儿童和青少年营养不良或肥胖与一些疾病存在相关性。因此，BMI测试有助于尽早发现儿童和青少年在生长发育过程中存在的问题，从而及时采取调整措施，降低其患相关疾病的风险。

◎ 影响因素

从BMI的计算公式即可看出，它受体重和身高的影响。

● 体重

BMI用于评价儿童和青少年在当前身高下体重是否正常，因此体重是BMI的主要影响因素。儿童和青少年应通过科学的运动和均衡的膳食将体重控制在合理的范围内。

● 身高

虽然BMI不用于评价儿童和青少年的身高是否正常，但身高也会对BMI值产生一定的影响。身高主要受骨骼发育情况和身体姿态的影响，科学的运动、均衡的膳食、充足的睡眠及良好的姿势习惯有助于使儿童和青少年的身高处于正常的范围内。此外，个体早晚的身高差异较为明显，在测试前一日拥有足够的睡眠，使脊柱充分伸展，会对次日的身高测试有所帮助。

◎ 测试规则

1 背朝身高体重仪，赤足站在底板上。

2 直立，面朝正前方。头部、臀部及脚跟保持与立柱接触。

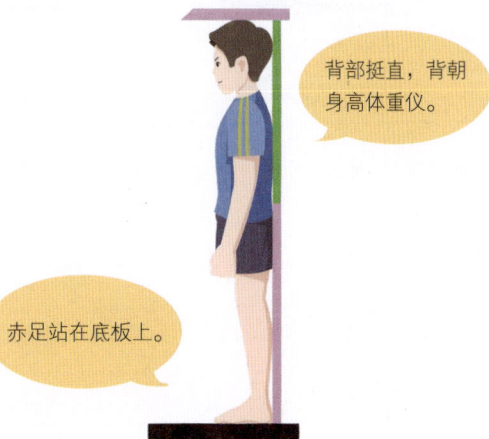

背部挺直，背朝身高体重仪。

赤足站在底板上。

◎ 要点提示

● **测试前准备**

1 测试前一晚应保证充足的睡眠，不应进行高强度的身体活动。

2 身穿轻便的服装。

● **测试时注意**

1 不要仰头或低头，也不要弯腰驼背、来回晃动。

2 不要携带重物，女生不要扎过高的马尾，以免影响测试的准确性。

NO!

不要仰头	不要低头	不要弯腰驼背、来回晃动

2.2 BMI 测试针对性提升训练

◎ 综合训练指导

针对三、四年级学生的身体训练仍应像针对一、二年级学生的身体训练那样，以全身性、动力性练习为主。肥胖或超重的学生需要在确保动作准确性的前提下，将训练强度保持在低至中等范围内。如果有一些练习学生无法完成，教师可以降低其难度或替换为其他类似的练习，以免打击学生的自信心。

此外，三、四年级学生仍处于身高的平稳发育期，仍需进行一些跳跃性运动来促进自身身高的增长。尤其需要注意的是，三、四年级学生的体质健康测试增加了1分钟仰卧起坐测试项目，且学业压力相对加重，伏案学习的时间可能更长，因此训练中最好增加针对上背部和下背部的练习，以提升学生身体后链肌肉的力量，改善其不良体态，使其身姿挺拔。

◎ 典型问题与解决建议

● 体重过重

教师应指导体重过重的学生通过合理的运动和科学的饮食减重。建议他们增加日常体力活动并进行规律的体育锻炼，包括在时间和距离均合理的前提下步行上下学、走楼梯上下楼、每天进行一定量的户外活动或室内训练、经常参与喜爱的体育运动等。此外，还应建议他们适当控制能量摄入，尽量避免摄入过于油腻的食物和高热量、不健康的零食，多食用蔬菜、水果及优质蛋白质（如牛奶和鸡蛋等）。

● 体重过轻

教师应指导体重过轻的学生通过合理的运动和科学的饮食增重。建议他们适当做一些力量训练，但需要注意的是，低年级学生的力量训练应以全身性、动力性练习为主。应提醒他们注意饮食的丰富性和均衡性，如有挑食等不良饮食习惯一定要改掉。此外，还应建议他们一定要保证蛋白质、锌、钙、磷和维生素等营养物质的摄入达标。

◎ 其他注意事项

教师应时刻提醒学生保持良好的体态。不良体态不仅会影响他们的身高，还可能会改变其身体发育轨迹，引起身体功能障碍，甚至带来严重的畸形问题。因此，一定要培养学生在站、坐、行等方面良好的姿势习惯。需要注意的是，不良体态并非完全由不良的姿势习惯引发，如发现学生存在严重的体态问题，请及时寻求医生等专业人员的帮助。

此外，睡眠时间是个体生长发育的黄金时间，充足的睡眠能促进学生身高的增长，还能使他们保持良好的身体和精神状态，从而在训练中更加投入，同时在一定程度上能增强训练效果。因此，教师一定要督促学生养成早睡早起的生活习惯。

◎ 针对性提升练习

● 站姿-L字

全程保持均匀呼吸。

1 双脚开立，约与肩同宽，双臂自然垂于体侧。屈髋屈膝，躯干前倾至与大腿的夹角为90度，挺胸直背。

2 肩胛骨向内、向下收紧，双肘屈曲，向上抬起。

训练目标 **力量、稳定性**

训练部位 **背部、肩部**

所需器材 **无**

主要肌肉 **菱形肌、斜方肌、肩袖肌群**

3 保持屈肘90度，前臂向上抬起至与躯干在一个平面上，拇指向上。回到起始姿势，重复规定的次数。

要点提示

- 核心收紧。
- 背部挺直。
- 不要耸肩。

● 坐姿腿屈伸

训练目标 **力量**
训练部位 **核心、腿部**
所需器材 **无**
主要肌肉 **下肢肌群**

全程保持均匀呼吸。

1

呈坐姿，双臂交叉抱于胸前，核心收紧，背部挺直，屈髋，双腿屈膝。

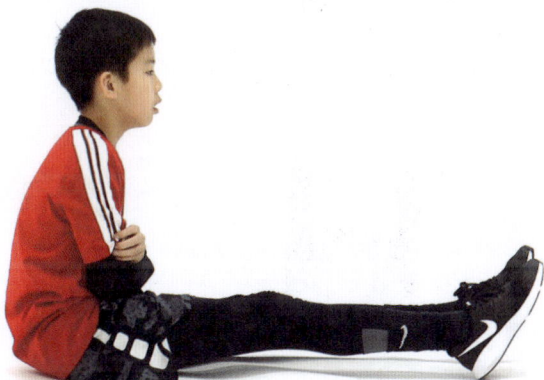

2

双腿前伸，躯干垂直于地面。以脚跟为着力点，大腿后侧发力，使臀部移向足部。回到起始姿势，完成规定的次数或距离。

要点提示

● 核心收紧，躯干保持稳定，垂直于地面。

● 树式伸展

全程保持均匀呼吸。

1

呈站立姿势，核心收紧，背部挺直，双脚略分开，双臂自然垂于身体两侧，挺胸抬头，目视前方。

训练目标　**柔韧性、稳定性、平衡性**
训练部位　**全身**
所需器材　**无**
主要肌肉　**下肢肌群、核心肌群**

2

双臂侧平举，一侧腿屈膝，脚掌贴近对侧腿的膝关节处，单腿站稳。

要点提示

● 单腿支撑时，保持躯干的稳定。

3

双臂平行，同时举过头顶，与躯干在一条直线上，并垂直于地面，保持该姿势至规定的时间。换对侧重复。

● 搭档俯撑拍手

训练目标 力量、稳定性
训练部位 核心、手臂、肩部
所需器材 无
主要肌肉 核心肌群、肩部肌群

全程保持均匀呼吸。

1 两人头对头，以俯撑的准备姿势支撑于地面，且两人肩部相距约一只手臂的距离。

2 两人同时向对方伸出左手或右手，并拍手。回到起始姿势，然后两人同时伸出对侧的手，并拍手。双手交替，完成规定的次数。

要点提示

● 动作过程中，背部挺直并保持稳定。

● 搭档座椅平衡

全程保持均匀呼吸。

1 两人双脚分开，与肩同宽且面对面站立，两人间的距离约为一只半手臂的长度，手拉手。

2 两人保持拉手状态，同时屈髋屈膝向后坐，至两人双臂完全伸直，大腿与地面接近平行。

3 回到起始姿势，完成规定的次数。

训练目标　**平衡性、力量**
训练部位　**腿部、臀部**
所需器材　**无**
主要肌肉　**下肢肌群**

要点提示

● 两人在下蹲时必须提前沟通，彼此信任。

● 搭档坐下起立

全程保持均匀呼吸。

1 两人面对面、手拉手坐在地上，脚尖相对。

2 保持拉手状态，手臂向后拉，同时下肢肌肉发力，准备站起。

训练目标　**平衡性、协调性、力量**

训练部位　**手臂、腿部**

所需器材　**无**

主要肌肉　**肱二头肌、下肢肌群**

要点提示

● 两人在起立时必须提前沟通，彼此信任。

3 伸髋伸膝站起。回到起始姿势，完成规定的次数。

● 标准深蹲

训练目标	力量
训练部位	腿部、臀部
所需器材	无
主要肌肉	下肢肌群

下蹲时呼气。

1 双脚分开站立，间距约等于肩宽。双臂自然垂于身体两侧。

2 屈髋屈膝下蹲。动作过程中，双臂屈曲并抬至胸前，保持身体平衡。回到起始姿势，完成规定的次数。

要点提示

● 动作过程中，保持核心收紧，背部挺直，膝盖尽量避免超过脚尖。

● 蹲姿–蜜蜂摆动

训练目标	灵活性
训练部位	肩部
所需器材	无
主要肌肉	肩部肌群

全程保持均匀呼吸。

1 屈髋屈膝，呈完全下蹲姿势。双臂侧手举。

2 保持双臂完全伸直，快速上下挥动双臂。完成规定的次数或时间。

要点提示

● 双腿分开，保持核心收紧。

● 搭档呼啦圈投接球

全程保持均匀呼吸。

1

两人面对面站立，一人双手持瑞士球，两人中间的地面上放一个呼啦圈。

训练目标　**爆发力**
训练部位　**手臂、胸部**
所需器材　**瑞士球、呼啦圈**
主要肌肉　**上肢肌群**

2 持球者将球投进呼啦圈并使球弹向搭档方向，搭档接到球后，重复以上步骤。两人交替投球，完成规定的次数。

● 转呼啦圈

全程保持均匀呼吸。

1 双脚开立，间距约与肩同宽，背部挺直，双手握住呼啦圈，目视前方。

2 骨盆环转带动呼啦圈转动。

要点提示

● 全程核心收紧。

训练目标　**灵活性、力量、协调性**
训练部位　**臀部、腹部、下背部**
所需器材　**呼啦圈**
主要肌肉　**臀部肌群、核心肌群**

3 转呼啦圈至规定的圈数。

● 平板支撑

训练目标	稳定性、力量
训练部位	核心
所需器材	瑜伽垫
主要肌肉	核心肌群

全程保持均匀呼吸。

身体呈四点支撑的俯撑姿势，核心收紧，背部挺直，保持双手位于肩部的正下方，双手间距约等于肩宽，双臂伸直。双脚并拢，脚尖触垫支撑。头部、躯干和下肢应在一条直线上，保持该姿势至规定时间。

● 平板爬行-纵向

训练目标	稳定性、力量
训练部位	核心
所需器材	无
主要肌肉	核心肌群

全程保持均匀呼吸。

1

身体呈四点支撑姿势，双臂伸直，双手触地支撑于肩部的下方。双腿伸直，双脚脚尖着地，尽量使头部、躯干和双腿在一条直线上。

2

保持背部挺直，核心收紧，双腿伸直，双手交替向前移动，同时跖屈和背屈踝关节使对侧脚同步向前移动。也可以向后移动。完成规定的距离。

要点提示

● 移动行过程中，保持躯干稳定，身体不要左右晃动。

29

● 俯卧-I字

训练目标　**力量、稳定性**
训练部位　**肩胛骨**
所需器材　**瑜伽垫**
主要肌肉　**肩部肌群**

1

身体呈俯卧姿势，双臂伸直过头顶，上臂贴近耳侧，双手握拳，拳心相对，拇指朝上，整个身体呈I字形。

双臂上抬时呼气，还原时吸气。

2

两侧肩胛骨向下、向内收紧，双臂伸直向上抬起，离地尽量远，保持该姿势3~5秒。

3

回到起始姿势，完成规定的次数。

要点提示

- 保持核心收紧，拇指朝上，躯干不要抬离地面。

● 俯卧–Y字

训练目标　力量、稳定性

训练部位　肩胛骨

所需器材　瑜伽垫

主要肌肉　肩部肌群

1

身体呈俯卧姿势，双臂伸直过头顶，双臂与躯干呈Y字形。双手握拳，拳心相对，拇指朝上。

> 双臂上抬时呼气，
> 还原时吸气。

2

两侧肩胛骨向下、向内收紧，双臂伸直向上抬起，离地尽量远，保持该姿势3~5秒。

3

回到起始姿势，完成规定的次数。

要点提示

● 保持核心收紧，拇指朝上，躯干不要抬离地面。

● 臀桥

全程保持均匀呼吸。

训练目标　**力量、稳定性**

训练部位　**臀部、大腿**

所需器材　**瑜伽垫**

主要肌肉　**臀大肌、腘绳肌**

身体呈仰卧姿势，肩部和双脚支撑着垫，双臂交叉抱于胸前。腹部和臀部收紧，上抬髋部，使髋部离开瑜伽垫，用肩部支撑，直至躯干和大腿在一条直线上，保持该姿势至规定的时间。

要点提示

● 保持躯干和大腿在一条直线上，腰椎不要过度伸展。

● 俯卧撑

撑起时呼气，下落时吸气。

训练目标　**力量**

训练部位　**手臂、胸部、肩部**

所需器材　**瑜伽垫**

主要肌肉　**胸大肌、三角肌前束、肱三头肌**

1 身体呈四点支撑（双手和双脚脚尖着垫）的俯撑姿势。双臂伸直，双手间距略大于肩宽，保持头、躯干、下肢在一条直线上。

要点提示

● 保持头、躯干、下肢在一条直线上，避免塌腰、抬臀。

2 保持核心收紧，屈肘，身体下落至胸部几乎碰到瑜伽垫。上肢肌群发力撑起，回到起始姿势，完成规定的次数。

● 跪姿-俯卧撑

撑起时呼气，下落时吸气。

1 身体呈四点支撑（双手和双膝着垫）的俯撑姿势。双臂伸直，双手间距略大于肩宽。双腿屈膝，双膝触垫，双脚抬起，保持躯干与大腿在一条直线上。

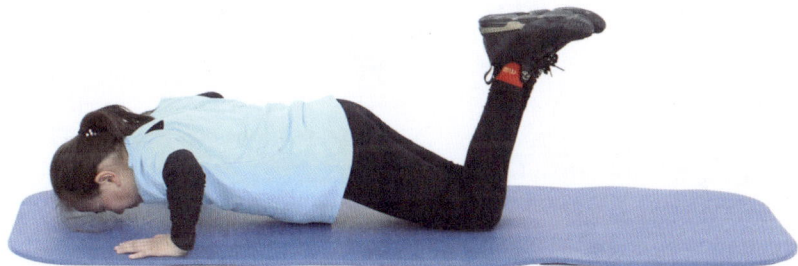

2 保持核心收紧，屈肘，使身体下落至胸部几乎碰到瑜伽垫。

训练目标 **力量**
训练部位 **手臂、胸部、肩部**
所需器材 **瑜伽垫**
主要肌肉 **胸大肌、三角肌前束、肱三头肌**

3 上肢肌群发力推起身体。回到起始姿势，完成规定的次数。

双臂内收时呼气。

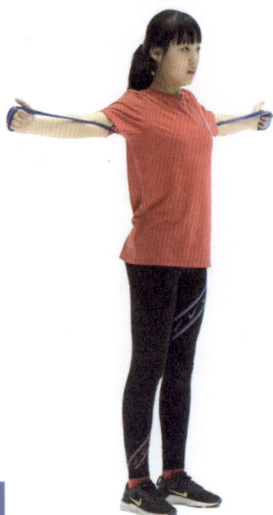

1

双脚分开站立，间距约等于肩宽，将弹力带中段置于背后并用双手握住弹力带两端。双手掌心向前，双臂侧平举，保持弹力带有一定的张力。

2

保持双肘角度不变，双臂内收，做飞鸟练习，双手掌心相对。重复以上步骤，完成规定的次数。

其他角度展示

训练目标　**力量**

训练部位　**胸部**

所需器材　**弹力带**

主要肌肉　**胸大肌**

要点提示

● 动作过程中，避免耸肩。

● 弹力带-站姿-反向飞鸟

双臂外展时呼气。

第 2 章 BMI 测试

1

双脚分开站立，间距约等于肩宽。双手握住弹力带两端。双臂前平举，双手掌心相对，保持弹力带有一定的张力。

2

上背部肌肉发力，双臂外展，水平向两侧打开，做反向飞鸟练习。动作过程中，保持双臂伸直。重复以上步骤，完成规定的次数。

其他角度展示

要点提示

● 动作过程中，避免耸肩。

训练目标　**力量**

训练部位　**背部、肩部**

所需器材　**弹力带**

主要肌肉　**斜方肌、菱形肌、肩部肌群**

● 弹力带–站姿–胸前水平推–双臂

手臂前推时呼气，还原时吸气。

1 双脚开立，间距约等于肩宽，将弹力带中段置于背后，双手握住弹力带两端。两侧上臂紧贴身体，两肘屈曲，前臂平行置于身体两侧，掌心相对，保持弹力带有一定的张力。

2 双臂向前推至前平举姿势。重复以上步骤，完成规定的次数。

其他角度展示

要点提示

● 身体保持挺直，双肘不要向外打开。

训练目标　力量

训练部位　胸部、肩部、手臂

所需器材　弹力带

主要肌肉　胸大肌、三角肌前束、肱三头肌

● 弹力带–分腿站姿–肩上推举

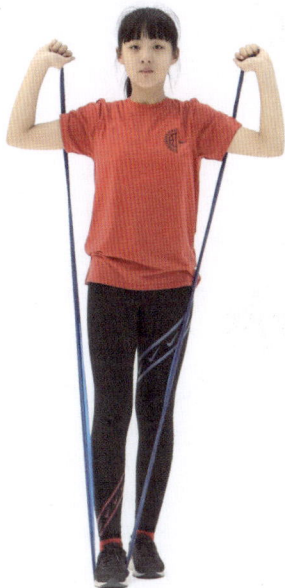

手臂上举时呼气。

1

身体呈站姿，双脚前后开立，双脚间距约为一只脚的长度。将弹力带中段固定在前脚下，双手握住弹力带两端。双臂屈肘上抬至上臂几乎与地面平行，双手置于肩关节上方，保持弹力带有一定的张力。

2

双臂向上推举，至双臂肘关节伸直。重复以上步骤，完成规定的次数。

其他角度展示

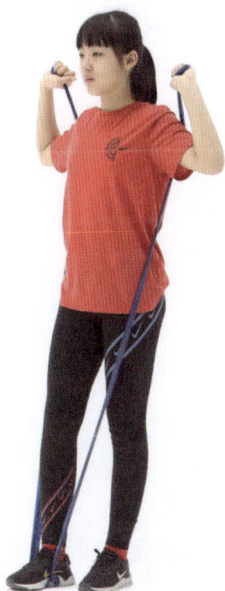

要点提示

● 动作过程中，保持身体稳定，避免耸肩。

训练目标　**力量**

训练部位　**手臂、肩部**

所需器材　**弹力带**

主要肌肉　**三角肌、肱三头肌**

俯卧－模拟游泳姿（蛙泳）

发力时呼气，还原时吸气。

1

身体呈俯卧姿势，躯干和大腿贴瑜伽垫，双臂屈曲收于身体两侧。双腿伸直。

2

保持核心收紧，躯干发力使上半身抬离垫面，同时将双腿抬起。双臂伸直向前，然后向身体两侧画圈，收回，模拟蛙泳动作。

3

回到起始姿势，完成规定的次数。

要点提示

- 动作过程中，核心收紧，避免过度仰头。

训练目标　力量、稳定性

训练部位　肩部、背部、臀部

所需器材　瑜伽垫

主要肌肉　竖脊肌、斜方肌、菱形肌、臀大肌、肩袖肌群

● 俯卧-模拟游泳姿（自由泳）

发力时呼气，还原时吸气。

1

身体呈俯卧姿势，双腿伸直，脚尖着垫。保持核心收紧，肩胛骨向后缩，躯干发力使上半身抬离垫面，同时将双臂和双腿抬起。一侧手臂伸直向前推出，对侧手臂伸直向后推出，同时身体转向后推手侧。

2

换对侧重复。双臂交替进行，模拟自由泳动作，完成规定的次数。

其他角度展示

训练目标	**力量**
训练部位	**全身**
所需器材	**瑜伽垫**
主要肌肉	**身体后侧链肌群**

要点提示

● 动作过程中，核心收紧，避免过度仰头，肩胛骨向后缩。

肺活量测试

3.1 认识肺活量测试

肺活量指尽力吸气后，从肺内所能呼出的最大气量，是潮气量、补吸气量和补呼气量之和或深吸气量与补呼气量之和。潮气量指每次呼吸时吸入或呼出的气量。补吸气量指在平静吸气末再尽力吸气所能吸入的气量。补呼气量指在平静呼气末再尽力呼气所能呼出的气量。深吸气量指从平静呼气末开始做最大吸气所能吸入的气量[7]。肺活量能反映一次呼吸的最大通气量，是评价个体心肺功能的常用指标之一，其受性别、体重、呼吸肌强弱等因素的影响。过去使用肺活量体重指数来评价心肺功能，但考虑到体重等形态指标的后天变异常常超过身体机能指标，在《标准》中，肺活量替代了肺活量体重指数。在肺活量测试中，学生在没有时间限制的情况下，深吸一口气后向肺活量计的吹气嘴呼气。当呼气停止或中断时，肺活量计上的数据不再增长，此时数据则为肺活量测试成绩。肺活量测试有助于监控儿童和青少年心肺功能的生长发育情况，而心肺功能是个体体质健康综合评价体系的核心要素之一。

◎ 影响因素

肺活量的影响因素主要有性别、年龄、体形和身体成分、呼吸肌力量和心肺功能等。通常，儿童和青少年的肺活量随年龄的增长而增加，且男生的肺活量普遍大于同年龄段女生的肺活量。对于个体而言，肺活量主要受体形和身体成分、呼吸肌强弱和心肺功能的影响。

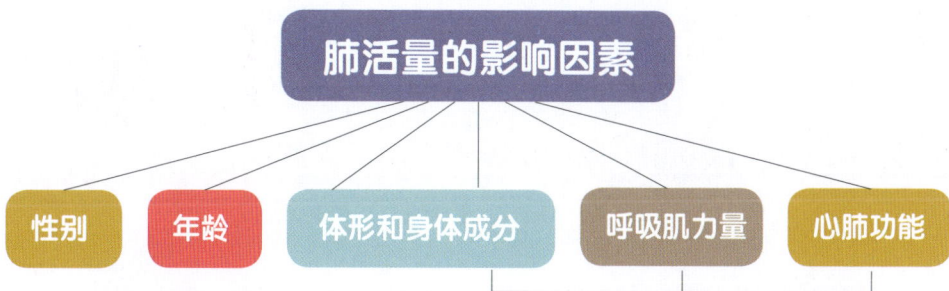

肺活量的影响因素

性别　年龄　体形和身体成分　呼吸肌力量　心肺功能

对于个体而言,肺活量主要受这几个因素的影响。

● 体形和身体成分

肺活量会随着儿童和青少年的生长发育而发生相应的变化，身高、体重、胸围等体形方面的变化都可能会对肺活量有一定的影响[8]。还有研究表明，肌肉占比更高、脂肪占比更低的儿童和青少年普遍拥有更好的肺活量[9]。因此，养成饮食均衡和体力活动适当的生活方式，能促进个体生长发育，优化身体成分，有助于肺活量的增加。

● 呼吸肌力量

呼吸肌包括肋间肌、膈肌和腹壁肌等，它们在神经系统的支配下控制着人体的呼吸。平静状态下，吸气时，呼吸肌收缩，胸腔增大；呼气时，呼吸肌舒张，胸腔缩小。强有力的呼吸肌能提升一次吸气和呼气的量。因此，通过一些呼吸训练方法强化呼吸肌，对肺活量的增加有一定的益处。

● 心肺功能

人体通过呼吸系统摄入外界的氧气，并通过循环系统将氧气运输到参与身体活动的骨骼肌中，再借助呼吸系统将体内生成的废气（如二氧化碳等）排至体外。在这个过程中，人体摄入氧气、运输氧气的能力被称为心肺功能。心肺功能是决定个体肺活量大小的主要因素，是改善肺活量最重要的方面之一。因此，通过一定的耐力性训练增强心肺功能是增加肺活量的主要途径。

◎ 测试规则

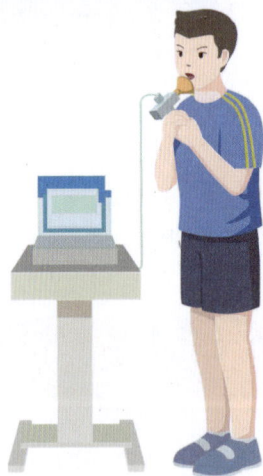

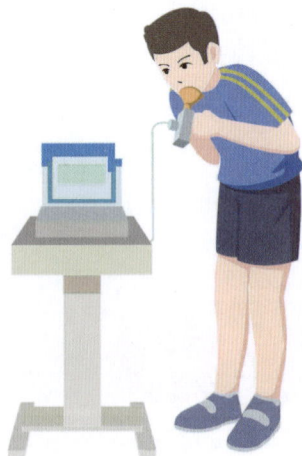

1 面朝肺活量计站立。像在闻花香一样，慢慢吸气至最大限度。

2 屏气，然后对准吹气嘴，以中等速度和力量呼气。可通过前倾、弯曲上半身来辅助呼气。

● **测试前准备**

测试前应进行充分的热身，做一些扩胸和呼吸练习。

● **测试时注意**

1 吸气时，不要耸肩，用嘴巴尽可能多地吸气。

2 呼气时，持肺活量计的吹气嘴的手稍稍用力，以防漏气；注意匀速呼气，过快呼气可能导致肺活量计的吹气嘴与嘴巴间出现缝隙，过慢呼气可能导致肺活量计未感受到气体变化；保持连续呼气，直至将全部气体呼出。

3 即将将全部气体呼出时，前倾身体，用力呼出剩余的气体，但此时应注意持吹气嘴的手保持用力，避免身体移动导致漏气。

NO!

吹气嘴和嘴之间不要有缝隙　　　　　　不要耸肩

◎ 综合训练指导

　　肺活量训练应以增强学生心肺功能的有氧耐力性训练为主。需要格外注意的是，有氧耐力性训练的能量消耗较大，教师应提醒学生在训练的前后适度补充能量，在训练中及时补水，一旦感觉身体不适就及时报告。

　　当室外空气质量较好的时候，可以组织三、四年级学生进行吹气游戏。同时，教师还要辅以对呼吸肌的训练，并教授学生腹式呼吸。腹式呼吸不但能增加肺活量、降低静息时的血压[10]，还能有效地缓解心血管系统的应激反应[11]，调节身心。在训练的间歇，教师要提醒学生使用腹式呼吸，以调整好呼吸节奏，达到更好的休息效果。

　　这一部分的针对性训练需要刺激心肺系统，因此对练习的完成速度有一定的要求。教师首先应确保学生已经掌握动作的要点，能够以较快的速度准确地完成练习，其次应在训练过程中鼓励学生保持较快的速度，尤其是在训练的后半程，学生完成练习的速度可能因身体疲劳而降低，教师应给予其更多的鼓励，同时教师可根据学生的身体状况决定是否休息1~3秒再继续进行练习。前文已提到，三、四年级学生正处于培养意志品质的关键时期，因此在有氧耐力性训练期间的鼓励非常重要，其能激发学生的训练热情，培养学生的意志品质。

　　此外，在整个训练结束后，教师应提醒学生不要立刻坐下或躺下。

◎ 典型问题与解决建议

● 肺活量差

　　教师应指导肺活量差的学生在课上、课下多进行有益于提升肺活量的练习，推荐以下3类练习。

1 有氧运动，尤其是游泳（未成年人需在成年人监护下进行）。

2 吹气练习，如吹气球、运送气球等。

3 吹奏乐器练习，对吹奏乐器感兴趣的学生可多进行相应的练习。

教师可通过图文介绍和带领体验等方式发展三、四年级学生对不同类型有氧运动的兴趣，同时指导他们进行以游戏和比赛方式组织的吹气练习，以增加趣味性和竞争性。

● 测试时呼气存在问题

测试时呼气存在问题的学生主要包括以下3方面的问题。

1 吹气嘴与嘴巴间出现缝隙，导致漏气。

2 呼气过快或过慢。

3 未将气体完全呼出即停止呼气。

三、四年级学生已有一定的肺活量测试经验，但仍有可能在肺活量测试中暴露出上述问题的一种或多种，教师应引导学生发现问题，及时改正问题。此外，在模拟肺活量测试时和实际肺活量测试前教师应反复提醒学生肺活量测试的要点。

◎ 其他注意事项

良好的体态对人体胸腔的打开非常有帮助，胸腔打开可以允许更多的空气进入肺部，这在一定程度上能增加肺活量。因此，教师应培养学生养成良好的姿势习惯，尤其要保证上半身的体态良好，及时对不良体态进行纠正。

◎ 针对性提升练习

● 腹式呼吸

全程用鼻子缓慢地吸气，用嘴缓慢地呼气。

训练目标　心肺功能
所需器材　无

1 自然站立，双手叉腰，抬头挺胸，目视前方。缓慢地吸气，使腹部像一个小气球一样鼓起。

2 缓慢地呼气，腹部自然内收。吸气后呼气完成为1次完整的练习。重复规定的次数或时间。

● 运送气球

训练目标　心肺功能
所需器材　气球、胶布
游戏形式　与父母或朋友比一比，看谁最先完成规定的次数。

找到适合自己的吹气方向和频率，保证气球不落地。

要点提示

- 因为要向前运送气球，所以直直地向上吹气球是不可取的，应向斜前上方吹气球，这样既保证了气球向前运动，又保证了气球不向下落。
- 在室外进行此练习时，应注意风的影响。

用胶布标出起点线和终点线。将气球吹满气后在气球口处打结。站于起点线后，适当仰头。双手持气球并将其移至嘴巴上方，然后松开双手，不断地对着气球吹气，使其始终飘浮在空中。以这种状态将气球从起点线运送到终点线为1次。重复规定的次数。注意，一旦气球落地，需要返回起点线重新开始。

● 双脚前后跳

训练目标 **灵敏性**
训练部位 **腿部、核心**
所需器材 **无**
主要肌肉 **下肢肌群、核心肌群**

全程保持均匀呼吸。

要点提示

- 跳跃时，核心收紧，脚不要拖地，注意髋关节、膝关节和踝关节协同发力。
- 注意手臂随身体协调地前后摆动。

1 身体呈运动姿势，双臂收于身体两侧，身体重心位于双脚前脚掌。

2 保持背部挺直，核心收紧，有节奏且连续地前、向后快速小跳。跳跃过程中双臂自然前后摆动。完成规定的次数。

● 双脚左右跳

1 身体呈运动姿势，双臂屈曲并收于身体两侧，身体重心位于双脚前脚掌。

2 保持背部挺直，核心收紧，有节奏且连续地向左、向右快速小跳。完成规定的次数。

要点提示

● 跳跃时，核心收紧，脚不要拖地，注意髋关节、膝关节和踝关节协同发力。

训练目标　**灵敏性**

训练部位　**腿部、核心**

所需器材　**无**

主要肌肉　**下肢肌群、核心肌群**

● 开合跳

随着动作节奏均匀地呼吸。

1

身体呈直立姿势。双腿左右开立，间距小于肩宽。双臂自然垂于身体两侧，目视前方。

2

保持核心收紧，双腿蹬地发力向上跳起并同时打开，双臂伸直并经身体两侧向上移动。

3

落地时，双脚分开，双手在头顶上方轻轻触碰。落地后随即再次跳起，双臂下摆，双脚靠拢，回到起始姿势。重复以上步骤并完成规定的次数。

要点提示

● 跳跃和落地过程中，核心收紧，同时尽量控制膝盖和脚尖一致向前。

训练目标　**灵敏性、协调性、心肺功能**

训练部位　**全身**

所需器材　**无**

主要肌肉　**下肢肌群、肩部肌群**

● 大猩猩爬行-纵向

训练目标 **力量**
训练部位 **全身**
所需器材 **无**
主要肌肉 **核心肌群**

要点提示

● 跳跃时，核心收紧，蹬地发力。

前跳时呼气。

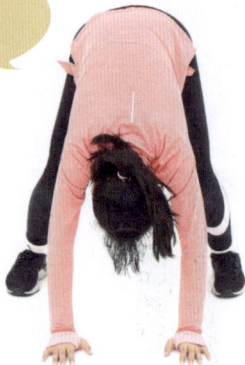

1 俯身屈髋屈膝，呈双手和双脚触地支撑姿势，双臂伸直。保持双膝位于髋部下方。

2 保持核心收紧，双脚蹬地发力向前跳，将双腿拉向手臂。双臂同时向前移动，回到起始姿势。重复以上步骤，完成规定的距离。

● 大猩猩爬行-横向

训练目标 **力量**
训练部位 **全身**
所需器材 **无**
主要肌肉 **核心肌群**

要点提示

● 跳跃时，核心收紧，蹬地发力。

跳跃时呼气。

1 俯身屈髋屈膝，呈双手和双脚触地支撑姿势，双臂伸直。保持双膝位于髋部下方。

2 保持核心收紧，双手同时向一侧移动，然后双脚蹬地发力向一侧跳。手脚交替移动，完成规定的距离。

● 慢跑

训练目标　有氧耐力

训练部位　全身

所需器材　无

主要肌肉　全身

要点提示

● 慢跑时，双臂不要左右摆动。

全程保持均匀呼吸。

1

身体呈直立姿势，双脚略分开，核心收紧，背部挺直，双臂自然垂于身体两侧，目视前方。

2

慢跑时，双臂屈曲，置于身体两侧，交替摆臂。完成规定的距离或时间。

第 3 章　肺活量测试

51

● 踢踏步

全程保持均匀呼吸。

2

双臂侧平举，一侧腿向斜前方踢出，支撑腿跳起，此时支撑腿和前摆腿均伸直，支撑腿脚尖朝前。然后双脚着地，双臂下摆。

1

身体直立，双脚分开，间距约等于肩宽，双臂放松并自然垂于身体两侧，核心收紧，挺胸抬头，目视前方。

要点提示

- 向前踢腿时，核心收紧，背部挺直，双腿保持伸直。

训练目标　**灵敏性、灵活性、心肺功能**

训练部位　**核心、下肢**

所需器材　**无**

主要肌肉　**核心肌群、下肢肌群**

3

对侧腿按照同样的标准向斜前方踢出。两侧交替进行，完成规定的次数。

● 战士二式

全程保持均匀呼吸。

1 双脚开立，间距大于肩宽，双腿伸直，脚尖向前。挺胸直背，双臂侧平举。

2 一侧脚外旋且同侧膝关节微屈，身体重心向同侧移动。

3 身体重心继续朝屈曲腿一侧移动至大腿内侧有一定的牵拉感，保持该姿势约2秒。换对侧重复。两侧交替进行，完成规则的次数或时间。

要点提示

- 核心收紧。
- 背部挺直。

训练目标　**柔韧性**

训练部位　**腿部**

所需器材　**无**

主要肌肉　**跟腱、髋内收肌**

● 鸟式

全程保持均匀呼吸。

训练目标 **柔韧性、力量**
训练部位 **肩部、腿部**
所需器材 **无**
主要肌肉 **三角肌前束、腓肠肌**

要点提示

● 核心收紧，双腿伸直。

1 身体呈直立姿势，核心收紧，背部挺直，双臂自然垂于身体两侧。

2 双腿同时蹬地发力，提踵，使身体重心抬高，同时双臂向后摆动并保持伸直，保持该姿势约2秒。回到起始姿势，完成规定的次数。

● 半月式

全程保持均匀呼吸。

训练目标 **柔韧性**
训练部位 **核心**
所需器材 **无**
主要肌肉 **核心肌群**

要点提示

● 动作过程中，保持骨盆稳定，避免身体前倾或后仰。

1 双腿伸直、双脚并拢站立。双臂于头部两侧伸直上举，双手手掌对合。

2 下肢保持稳定，躯干向一侧屈曲。动作过程中，保持核心收紧，背部挺直，避免身体前倾或后仰，保持该姿势约2秒，换对侧重复。两侧交替进行，完成规定的次数。

50 米跑测试

4.1 认识 50 米跑测试

50米跑是直线短跑项目，能综合评价个体的移动速度、反应速度和灵敏性等身体素质的水平。在50米跑测试中，起跑指令发出后开始计时，学生躯干通过终点线后停止计时，测试成绩会精确到0.1秒（按小数点后第2位非0即进1的规则）。在50米跑测试期间，学生不允许抢跑和串道。50米跑测试能在一定程度上反映学生中枢神经系统的机能状态和神经、肌肉的调节功能，具有重要的意义。

◎ 影响因素

爆发力和速度耐力在50米跑中表现为快速达到较高速度并保持该速度的能力，会对50米跑测试成绩产生决定性影响。此外，手臂力量、跑步动作和核心力量关乎跑步过程中力的产生和传导，快速反应能力决定对起跑信号的反应速度，它们都会对50米跑测试成绩产生一定的影响。

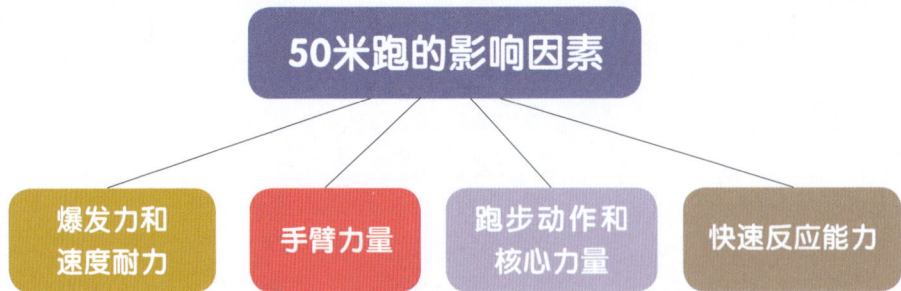

```
          50米跑的影响因素

  爆发力和      手臂力量     跑步动作和      快速反应能力
  速度耐力                  核心力量
```

● 爆发力和速度耐力

爆发力指人体进行高功率输出的能力。它不是一项单一的身体素质，而是力量和速度的组合。速度耐力也被称为无氧耐力，指人体持续进行高功率输出的能力。50米跑以无氧代谢为主，要求全程保持最快的速度，是强度极高的跑步项目。跑步时，爆发力强的个体能更快地达到最快的速度，速度耐力强的个体则能更持久地保持最快的速度，因而，他们均能在50米跑中占据优势。

● 手臂力量

个体在运动时其手臂和腿部的摆动是协调统一的，因此手臂快速、大幅度的摆动对腿部的摆动起着重要的主动带动作用[12]。发展手臂力量有助于提高摆动速度，因此，发展手臂力量也能够促进腿部的摆动，并在一定程度上有助于提升50米跑测试成绩。

● 跑步动作和核心力量

不同类型的跑步项目，甚至同一类型的跑步项目的不同阶段都有其最合适的跑步动作，使用相应的最合适的跑步动作有助于提升跑步的经济性并预防损伤。在50米跑中，学生应主动向上抬大腿并积极地向下、向后蹬地，这有助于从地面获得向前的推进力；应保持躯干在中立位，避免其过度前倾、后仰或前后摆动，这可以避免不必要的能量消耗；在跑步过程中，应使对侧的手臂和腿部同时摆动，这样可以保证个体的协调与稳定。提升核心力量则能够使躯干更加稳定，让跑步动作更协调、更到位。

● 快速反应能力

快速反应能力是个体在短时间内识别刺激，做出判断，并执行动作技能的能力。在50米跑中，快速反应能力强的个体能对起跑信号做出较快的反应，减少起跑所用的时间，从而在该环节取得优势。

◎ 测试规则

1 50米跑测试一般采用站立式起跑，学生听到"预备"的口令时应集中注意力。

站立式起跑。

2 听到"跑"的口令后，学生应沿直线快速地跑向终点线，且此时开始计时。

3 学生躯干越过终点线的垂直面时停止计时。测试成绩以秒为单位，精确到0.1秒。测试成绩的小数点后第二位数非0则进1，例如，10.51秒会被记录为10.6秒。

● **测试前准备**

测试前应进行充分的热身，穿着合适的运动服和跑鞋。

● **测试时注意**

1 做起跑准备时，双脚不要踩实地面；集中注意力听起跑信号，不要抬头看裁判。

2 起跑后，慢慢地抬高身体重心，以防摔倒。

3 跑步时，身体不要后仰，双臂不要左右摆动。

4 冲过终点线后再减速。

5 跑步过程中不可串道。

起跑准备时，双脚不要踩实地面　　　跑步时，身体不要后仰　　　跑步时，双臂不要左右摆动

4.2 50米跑测试针对性提升训练

◎ 短跑技术学习

● 准备姿势

双脚前后开立，双脚间距约为一脚或一脚半的长度，抬起后脚脚跟，前膝屈曲约90度，后膝稍微屈曲，上半身前倾至身体重心移至前腿上即可，不可前倾太多，双臂呈摆臂状。

● 起跑

听到起跑信号后起跑，前腿蹬地，后腿前摆，身体保持前倾，双臂积极、有力地前后摆动。

● 加速跑

慢慢地抬高身体重心，在这个过程中，注意使用前脚掌着地。

● 途中跑

大腿主动地向上抬，抬至最高点后积极地向下压，小腿向后折叠，落地时脚积极地"扒地"。双臂也要积极、有力地前后摆动。上半身处于中立位，身体保持平衡、稳定，避免晃动。

● 冲刺跑

在跑至距终点线约2米的位置，躯干加大前倾角度，全速冲过终点线后再减速。

◎ 综合训练指导

在三、四年级学生50米跑的达标时间（三年级男生为11.5秒，女生为12.0秒；四年级男生为11.1秒，女生为11.5秒）内，人体更多地依赖无氧能量系统，主要的供能途径为磷酸原系统（ATP-CP），其次为糖酵解系统。磷酸原系统由体内的磷酸肌酸供能，其特点是供能速度快，但持续时间短，一般为10秒左右；糖酵解系统由体内的肌糖原和肝糖原供能，当人体以无氧的状态进行运动时（如在50米跑和100米跑中），这种供能形式会使体内产生乳酸，而大量堆积的乳酸会使肌肉疲劳、无力，难以维持最大速度。因此，针对50米跑的训练，应以高强度、持续时间短（10秒左右）的爆发性练习为主，以提高磷酸原系统供能的能力，同时辅以高强度、持续时间稍长（30秒左右）且间歇短的速度耐力性练习，以提高人体耐乳酸的能力，发展速度耐力。与一、二年级学生相比，三、四年级学生的爆发性练习和速度耐力性练习仍以跑、跳类动作为主，但动作难度升级，要求完成的时间较长或数量较多，以此增强神经系统对肌肉的控制，促进其速度素质的发展。

此外，相较于一、二年级学生，三、四年级学生身体的各个系统有了一定的发展，可以进行一些使用小重量器材或自重的力量练习，因此本书中包含了一些针对手臂、臀部和核心的简单力量练习。在这个年龄段进行力量练习，完成动作的质量比数量更重要，这样才能有效通过提高神经系统对肌肉的控制能力来增加力量。学生只有掌握了动作的基本要点和技巧，才能更好地提升运动表现。在这种情况下，教师应确保自身对动作要点有较好的认识和较高的掌握度，才能帮助学生更快、更准确地掌握动作要点，并及时发现学生可能存在的错误。

◎ 典型问题与解决建议

● 起跑慢

起跑慢的学生主要存在2个问题：快速反应能力较弱和起跑时不够专心。针对前一个问题，教师应组织学生进行提升快速反应能力的针对性训练。针对后一个问题，教师可以指导学生经常性地进行模拟测试，让他们逐渐养成在测试时全神贯注、不在起跑期间左顾右盼的习惯，并在测试前反复提醒他们。

● 摆臂问题

学生的摆臂问题主要集中在2个方面：摆臂姿势错误和摆臂慢。解决前一个问题的办法是指导学生进行原地或行进间的摆臂练习，注意提示学生正确摆臂的要点：双臂前后摆动且向前摆时不越过身体中线。解决后一个问题的办法是在学生摆臂姿势正确的前提下，指导他们在摆臂练习中逐渐加快摆臂速度，同时进行一些上肢力量练习。

● 摆腿、落地问题

学生的摆腿、落地问题主要集中在2个方面：摆腿慢和双脚落地沉重。出现这两个问题的原因可能是下肢力量不足和跑步姿势错误，因此教师应指导学生进行一些下肢力量练习及短距离跑练习，在练习中要不断提示学生正确跑步姿势的要点。

● 未沿直线跑、左顾右盼

50米跑测试规定，在整个过程中学生只能在自己的跑道内跑步。然而有一些学生跑步时会遗忘这一点，不沿直线跑，容易串到他人的跑道中；还有一些学生习惯在跑步时观察他人，尤其喜欢回头看他人距离自己还有多远，这在一定程度上会降低跑步速度，从而影响最终的测试成绩。在三、四年级学生中，仍有很多人存在这类问题，因此他们应在平时的训练中进行窄道跑、直线跑练习，从而养成正确的习惯。

● 未到终点减速

未到终点减速也是影响50米跑测试成绩的典型问题。针对这个问题，教师应指导学生进行稍长于50米的跑步练习，如70米跑。此外，教师应同样在模拟50米跑测试和正式50米跑测试前反复提醒他们冲过终点线后再减速。

◎ 针对性提升练习

● 20米跑

训练目标 速度
所需器材 胶布

全程保持均匀呼吸。

用胶布标记起跑线和终点线（间距20米）。以标准跑步姿势，从起跑线跑至终点线。完成规定的次数。

要点提示

- 跑步过程中，注意双臂和双腿的姿势，同时保持核心收紧，身体稳定。
- 冲过终点线之后再减速。

● 50米跑

训练目标 速度
所需器材 胶布

用胶布标记起跑线和终点线（间距50米）。以标准跑步姿势，从起跑线跑至终点线。完成规定的次数。

要点提示

- 跑步过程中，注意双臂和双腿的姿势，同时保持核心收紧，身体稳定。
- 冲过终点线之后再减速。

● 70米跑

训练目标 速度
所需器材 胶布

用胶布标记起跑线和终点线（间距70米）。以标准跑步姿势，从起跑线跑至终点线。完成规定的次数。

要点提示

- 跑步过程中，注意双臂和双腿的姿势，同时保持核心收紧，身体稳定。
- 冲过终点线之后再减速。

● 手臂摆动

坐姿

全程保持均匀呼吸。

训练目标　跑步姿势、力量、核心

所需器材　无

1 身体呈坐姿，双腿向前伸直。双臂屈曲约90度，上臂自然垂于身体两侧。上半身挺直并稍稍前倾。

2 以肩关节为轴，双臂紧绷并交替前后摆动。手臂应向前摆至手超过肩部高度，向后摆至手越过髋部位置。双臂交替为1次。完成规定的次数。

站姿

要点提示

- 上臂应以肩关节为轴充分摆动。
- 双臂前后摆动，而不是左右摆动，手臂向前摆动时不应越过身体中线。
- 摆动双臂时，核心收紧，身体保持稳定。

1 身体呈站立姿势，双脚分开，双脚间距约与肩同宽。双臂屈曲约90度，上臂自然垂于体侧。上半身挺直并稍稍前倾。

2 以肩关节为轴，双臂紧绷并交替前后摆动。手臂应向前摆至手超过肩部高度，向后摆至手越过髋部位置。双臂交替为1次。完成规定的次数。

● 追击游戏

全程保持均匀呼吸。

训练目标　快速反应能力
所需器材　胶布

要点提示

● 应合理设置两人的间隔距离和游戏区域。
● 两人的速度水平和反应能力应差异不大。
● 游戏区域应平坦、空旷，避免两人在追逐过程中因被绊倒、滑倒而受伤。

两人间隔适当的距离站立，同时在两人身后适当的距离处用胶布标记出游戏区域。二人进行"剪刀石头布"游戏，获胜一方迅速转身逃跑，输的一方对其进行追击。若获胜方在跑出游戏区域前未被对方抓到，则赢得追击游戏的胜利，反之是对手胜利。回到起始位置。完成规定的次数。

● 快速反应游戏

全程保持均匀呼吸。

训练目标　快速反应能力
所需器材　白纸、笔

要点提示

● 可通过设置不同的信号和动作对应关系来改变游戏的难度。例如，以下对应关系难度逐渐升级："西瓜"信号对应移动到"西瓜"白纸上；"绿色"信号对应移动到"西瓜"白纸上；"西瓜"信号对应移动到"香蕉"白纸上。

用笔在3张白纸上分别写下"苹果""香蕉""西瓜"，然后将3张白纸放在地面上。站在3张白纸的中间，根据听到的信号，迅速移动至对应的白纸上。如果选择错误或反应迟钝，则应返回起始位置再次根据信号做出反应，直到能又快又准地移动到正确的白纸上，此为完成1次游戏。完成规定的次数或时间。

苹果

香蕉

西瓜

● 碎步跑

要点提示

● 运动时，脚不要拖地，注意髋关节、膝关节和踝关节协同发力。

训练目标　**灵敏性**
训练部位　**全身**
所需器材　**无**
主要肌肉　**下肢肌群**

1 身体呈运动姿势，双脚间距略大于肩宽，手臂呈前后摆臂状，身体重心位于双脚前脚掌。

2 保持背部挺直，进行碎步运动。手臂始终保持较慢的摆臂频率。控制脚步节奏，由慢变快，直至达到最快速度，并尽可能保持最快速度几秒再减速。注意保持上下肢的协调性。完成规定的时间。

● 深蹲跳

训练目标　**力量、爆发力**
训练部位　**臀部、腿部**
所需器材　**无**
主要肌肉　**下肢肌群**

下蹲时吸气，跳起时呼气。

要点提示

● 核心收紧。
● 膝关节尽量不要超过脚尖。
● 背部挺直。

1 双脚开立，间距约等于肩宽，挺胸直背，核心收紧，屈髋屈膝，下蹲至大腿与小腿的夹角约为90度，双臂后摆于体侧。

2 快速伸髋伸膝，同时双臂用力上摆并向上跳起，落地时，屈髋屈膝缓冲。回到起始姿势，完成规定的次数。

● 军步-原地

训练目标 **强化基本动作模式**
训练部位 **臀部、腿部**
所需器材 **无**
主要肌肉 **下肢肌群**

要点提示

- 核心收紧，保持身体稳定。
- 大腿应抬至要求的高度。
- 动作速度尽可能快快。
- 双臂与双腿动作应协调。

全程保持均匀呼吸。

1 双脚开立，间距小于肩宽，核心收紧，双臂自然垂于身体两侧。

2 屈髋屈膝，抬起一侧腿至大腿约与地面平行，同时自然摆臂，呈踏步姿势。抬起腿落地时用力蹬地，换对侧腿抬起。两腿交替，完成规定的次数。

● 单脚跳–横向–呈稳定性支撑
　（向支撑腿脚踝内侧方向）

训练目标　**爆发力、稳定性**

训练部位　**下肢、核心**

所需器材　**无**

主要肌肉　**下肢肌群、核心肌群**

要点提示

● 跳跃过程中，躯干保持挺直，膝盖和脚尖一致向前。

跳跃时呼气或屏气，落地时吸气。

1
身体呈单脚运动姿势。躯干前倾，核心收紧，双臂自然收于身体两侧。

2
支撑脚蹬地，向支撑腿脚踝内侧方向跳起，同时双臂快速向上摆动。

3
同侧腿落地支撑，呈单腿运动姿势，注意膝盖不要超过脚尖，并保持身体稳定。回到起始姿势，完成规定的次数，换对侧重复。

● 单脚跳–横向–呈稳定性支撑（向支撑腿脚踝外侧方向）

要点提示

● 跳跃过程中，躯干保持挺直，膝盖和脚尖一致向前。

训练目标　**爆发力、稳定性**

训练部位　**下肢、核心**

所需器材　**无**

主要肌肉　**下肢肌群、核心肌群**

跳跃时呼气或屏气，落地时吸气。

1 身体呈单腿运动姿势。躯干前倾，核心收紧，双臂自然收于身体两侧。

2 支撑腿蹬地，并向支撑腿脚踝外侧方向跳起，同时双臂快速向上摆动。

3 同侧腿落地支撑，呈单腿运动姿势，注意膝盖不要超过脚尖，并保持身体稳定。回到起始姿势，完成规定的次数，换对侧重复。

● 交换跳–横向–呈稳定性支撑（向支撑腿脚踝内侧方向）

跳跃时呼气或屏气，落地时吸气。

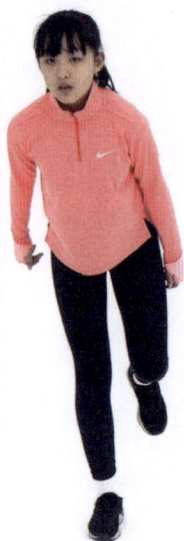

1

身体呈单腿运动姿势。躯干前倾，核心收紧，双臂自然收于身体两侧。支撑脚蹬地，向支撑腿脚踝内侧方向跳起，同时双臂快速向上摆动。

2

异侧腿落地支撑，呈单腿运动姿势，注意膝盖不要超过脚尖，并保持身体平衡，然后换对侧重复。两侧交替进行，完成规定的次数。

训练目标	**爆发力、稳定性**
训练部位	**下肢、核心**
所需器材	**无**
主要肌肉	**下肢肌群、核心肌群**

要点提示

● 跳跃过程中，躯干保持挺直，膝盖和脚尖方向一致向前。

● 跳远

训练目标 **力量、爆发力**

训练部位 **腿部、臀部**

所需器材 **无**

主要肌肉 **下肢肌群**

下蹲时吸气，跳起时呼气。

1 双脚开立，与肩同宽，挺胸直背，双臂自然垂于身体两侧。

2 保持核心收紧，双臂上摆的同时脚跟抬离地面，使双脚前脚掌撑地。快速屈髋屈膝下蹲，双臂同时快速向后向下摆。

要点提示

● 起跳时，蹬地快速有力，腿蹬和手摆协调。

● 起跳后，身体在空中充分伸展。

● 把握好双腿前伸的时机，落地后身体向前不向后。

3 伸髋伸膝，双脚蹬地发力，同时双臂上摆，向上向前跳起，身体充分伸展。通过最高点后下落时，双腿迅速向前伸。落地时，屈髋屈膝缓冲。回到起始姿势，完成规定的次数或距离。

● 单脚跳–双脚落地

跳起时呼气。

1　身体呈单脚运动姿势，双臂收于身体两侧。躯干前倾，双臂后摆，然后双臂迅速上摆，支撑脚蹬地，伸髋伸膝，向上向前跳起。

2　双脚落地，双腿微屈，呈基本运动姿势。回到起始姿势，完成规定的次数。换对侧重复。

要点提示

● 落地时，膝盖与脚尖一致向前。

训练目标　**力量、爆发力**

训练部位　**臀部、腿部**

所需器材　**无**

主要肌肉　**下肢肌群**

● 分腿蹲–交替

训练目标 **力量**

训练部位 **腿部、臀部**

所需器材 **无**

主要肌肉 **下肢肌群**

起身时呼气，下蹲时吸气。

1

身体呈直立姿势。双脚开立，间距小于肩宽，挺胸直背，双手叉腰。

2

一侧脚向前迈一步，降低身体重心，呈分腿蹲姿势。

3

前侧脚蹬地发力，回到起始姿势。换对侧重复。两侧交替进行，完成规定的次数。

要点提示

● 动作过程中，躯干保持中立位，身体挺直，前侧腿屈膝屈髋 90 度，膝盖和脚尖一致向前。

● 栏架–双脚跳–纵向–有反向

手臂向后向下摆动，预蹲时吸气。手臂向前向上摆动，起跳时呼气。

1 身体呈直立姿势，面向栏架站立，双脚分开，间距约等于肩宽，双臂自然垂于体侧，核心收紧，背部挺直。

2 屈髋屈膝，快速下蹲，双臂快速后摆至体后。双臂快速向前向上摆动，下肢快速伸髋伸膝，双脚蹬离地面，向前跳过栏架。

3 落地时，屈髋屈膝缓冲，同时双臂后摆至体后。保持落地姿势1~2秒。回到起始姿势，完成规定的次数或按上述动作标准，跳过规定个数的栏架。

要点提示

- 以手臂带动身体移动，双脚快速蹬地发力，伸髋伸膝，完成起跳。
- 双脚蹬地快速有力，腿蹬地和手臂摆动要协调，强调离地前双脚前脚掌瞬间蹬地的动作。
- 起跳后，身体充分伸展，跳至最高点。
- 落地时注意缓冲，保持身体稳定。

训练目标 爆发力、稳定性
训练部位 臀部、腿部
所需器材 栏架
主要肌肉 下肢肌群

栏架-双脚跳-横向-有反向

手臂向后向下摆动，预蹲时吸气。手臂向前向上摆动，起跳时呼气。

1 身体直立，侧对栏架站立，双脚分开，间距约等于肩宽，双臂自然垂于体侧，核心收紧，背部挺直。

2 屈髋屈膝，快速下蹲，双臂快速后摆至体后。双臂快速向前向上摆动，下肢快速伸髋伸膝，双脚蹬离地面，侧向跳过栏架。

训练目标 爆发力、稳定性

训练部位 臀部、腿部

所需器材 栏架

主要肌肉 下肢肌群

3 落地时，屈髋屈膝，缓冲地面的反作用力，同时双臂后摆至体侧。保持落地姿势1~2秒。回到起始姿势，完成规定的次数或按上述动作标准，跳过规定个数的栏架。

要点提示

- 以手臂带动身体移动，双脚快速蹬地发力，伸髋伸膝，完成起跳。
- 双脚蹬地快速有力，腿蹬地和手臂摆动要协调，强调离地前双脚前脚掌瞬间蹬地的动作。
- 起跳后，身体充分伸展，跳至最高点。
- 落地时注意缓冲，保持身体稳定。

● 栏架–单脚跳–纵向–无反向

手臂向前向上摆动，起跳时呼气。

1 屈髋屈膝，面向栏架单腿站立，躯干前倾，双臂后摆至体后，背部挺直。

2 双臂快速向前向上摆动，下肢肌群协同发力，以手臂带动身体移动，下肢快速伸髋伸膝。起跳脚蹬离地面，向前跳过栏架。起跳脚单脚落地，同时屈髋屈膝。保持落地姿势1~2秒。

训练目标 **爆发力、稳定性、平衡性**

训练部位 **臀部、腿部**

所需器材 **栏架**

主要肌肉 **下肢肌群**

3 双脚站立，身体恢复直立。回到起始姿势，完成规定的次数。换对侧重复。也可以双脚交替，依次跨过规定个数的栏架。

要点提示

● 以手臂带动身体移动，支撑脚快速蹬地发力，伸髋伸膝，完成起跳。

● 支撑脚蹬地快速有力，腿蹬地和手臂摆动要协调，强调离地前支撑脚前脚掌瞬间蹬地的动作。

● 起跳后，身体充分伸展，跳至最高点。

● 落地时注意缓冲，身体保持稳定。

● 栏架–交换跳–纵向–无反向

手臂向后向下摆动，预蹲时吸气，手臂向上摆动，起跳时呼气。

1 屈髋屈膝，面向栏架单腿站立，躯干前倾，双臂后摆至体后，背部挺直。

2 双臂快速上摆，下肢快速伸髋伸膝。起跳脚蹬离地面，向前跳过栏架。

训练目标　**爆发力、稳定性、平衡性**
训练部位　**臀部、腿部**
所需器材　**栏架**
主要肌肉　**下肢肌群**

3 异侧脚单脚落地，同时，屈髋屈膝，双臂下摆，保持落地姿势1~2秒。回到起始姿势，完成规定的次数。换对侧重复。也可以双脚交替，依次跨过规定个数的栏架。

要点提示

● 身体重心靠前，支撑脚前脚掌蹬地速度要快。
● 落地时注意缓冲，身体保持稳定。
● 手臂要协调地摆动。

● 栏架-高抬腿-纵向-一次一步

训练目标 爆发力、协调性、灵敏性

训练部位 臀部、腿部

所需器材 栏架

主要肌肉 下肢肌群

要点提示

● 逐个跨过栏架时，动作要连贯。

● 身体重心靠前，着地脚脚掌蹬地速度要快。

● 手臂要协调地摆动。

全程保持均匀呼吸。

1 将3个栏架纵向排列，面向第1个栏架站立，屈髋屈膝，双脚分开，间距约等于肩宽，双臂屈曲于体侧，核心收紧，背部挺直。

2 一侧手臂迅速向上摆动，同时对侧脚尽量上抬，并向前跨过第1个栏架。

3 跨过栏架的脚着地后，下肢肌群协同发力，迅速蹬地，手臂迅速向上摆动，同时对侧脚上抬并向前跨过第2个栏架。

4 跨过栏架的脚着地后，下肢肌肉协同发力，迅速蹬地，手臂迅速向上摆动，同时对侧脚上抬并向前跨过第3个栏架。

5 跨过栏架的脚着地后，对侧脚收回着地，保持姿势1~2秒。回到起始姿势，完成规定的次数或按上述动作标准，跨过规定个数的栏架。

● 栏架-高抬腿-纵向-一次两步

训练目标 **爆发力、协调性、灵敏性**
训练部位 **臀部、腿部**
所需器材 **栏架**
主要肌肉 **下肢肌群**

全程保持均匀呼吸。

1 将3个栏架纵向排列，面向第1个栏架站立，双脚分开，双臂自然垂于体侧，核心收紧，背部挺直。

2 一侧脚上抬，对侧手臂前摆，对侧脚蹬地跳起。上抬脚落至第1个栏架前，换对侧重复动作，向前跨过第1个栏架。

3 跨过第1个栏架后，换对侧重复动作，向前跨过第2个栏架。

要点提示

● 逐个跨过栏架时，动作要连贯。
● 身体重心靠前，着地脚前脚掌蹬地动作速度要快。
● 手臂要协调地摆动。

4 跨过第2个栏架后，换对侧重复动作，向前跨过第3个栏架。

5 跨过第3个栏架后，双脚依次落地。回到起始姿势。完成规定的次数。

● 栏架–高抬腿–横向–左右连续–1栏架

全程保持均匀呼吸。

1 身体侧对栏架站立，双脚分开，间距约等于肩宽，核心收紧，背部挺直。

2 下肢肌群协同发力，一只脚蹬地，对侧腿尽量抬高，跨过栏架并落地支撑，蹬地脚紧接着跨过栏架，呈屈髋屈膝的高抬腿姿势。

训练目标　**爆发力、协调性、灵敏性**
训练部位　**臀部、腿部**
所需器材　**栏架**
主要肌肉　**下肢肌群**

3 悬空脚反向跨过栏架，落地支撑，对侧腿紧接着抬高并跨过栏架，呈屈髋屈膝的高抬腿姿势。双脚交替落地支撑，完成规定的次数。

要点提示

- 逐次跨过栏架时速度要快。
- 身体重心靠前，蹬地脚前脚掌蹬地动作速度要快。
- 手臂要协调地摆动。

● 栏架–双脚跳–旋转–90度

要点提示

● 跳跃和落地过程中，膝盖和脚尖一致向前。

跳跃时呼气或屏气，落地时吸气。

1 屈髋屈膝，侧对栏架站立，双脚开立，间距大于肩宽，躯干前倾挺直，双臂位于体侧。

2 双臂快速上摆，以手臂带动身体移动，下肢协同发力，快速伸髋伸膝，双脚蹬离地面，身体旋转90度跳过栏架。

训练目标　**爆发力、协调性、灵敏性**
训练部位　**臀部、腿部**
所需器材　**栏架**
主要肌肉　**下肢肌群**

3 落地时，屈髋屈膝下蹲，双臂后摆至体后。保持落地姿势1~2秒，然后身体恢复直立。换另一个方向重复上述动作。重复以上步骤，完成规定的次数。

● M形冲刺

M形

1   3   5
   2   4

1 在地上放置2排锥桶，一排2个，另一排3个，使5个锥桶的连线为M字形，并用1~5的数字为其编号。侧对1号锥桶站立。

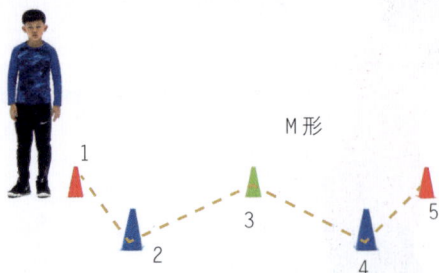

训练目标　灵敏性
训练部位　全身
所需器材　锥桶
主要肌肉　全身

全程保持均匀呼吸。

2 向侧前方跑到2号锥桶并从前方绕过2号锥桶，随后倒退跑向3号锥桶并从后方绕过3号锥桶。以此类推，按照M字形顺序分别跑向每个锥桶。完成规定的次数。

● 弹力带–跳跃踢臀

跳起时呼气。

1

站立，双脚分开，间距约等于肩宽。将弹力带两端固定在身体正后方，使弹力带中段绕过腹部，保持弹力带有一定的张力。双臂伸直，双手举过头顶。

2

屈髋屈膝下蹲，双臂后摆，随即双臂上摆，向上跳起，双脚脚跟触碰臀部。

要点提示

● 动作过程中，保持身体稳定，核心收紧。

3

双臂后摆，双脚落地，身体呈下蹲缓冲姿势。回到起始姿势，完成规定的次数。

训练目标　**力量、爆发力**

训练部位　**臀部、腿部**

所需器材　**弹力带**

主要肌肉　**下肢肌群**

● **侧桥**

训练目标　**力量、稳定性**

训练部位　**核心**

所需器材　**瑜伽垫**

主要肌肉　**核心肌群**

全程保持均匀呼吸。

身体呈侧卧姿势，双腿伸直，双脚并拢，下面脚的侧面触垫支撑，触垫手臂屈曲90度，前臂触垫支撑，肘关节位于肩部正下方，另一手臂微屈，手叉腰，髋部离开垫面。保持该姿势至规定的时间。换对侧重复。

要点提示

● 核心收紧，保持稳定。

● 身体保持在一条直线上。

● **标准臀桥–静态**

全程保持均匀呼吸。

1

身体呈仰卧姿势。双腿屈膝，双脚脚尖勾起，双脚脚跟着垫，双手放在身体两侧。

2

腹部和臀部收紧，髋部离地，使躯干与大腿在一条直线上。保持该姿势至规定的时间。

训练目标　**力量、稳定性**

训练部位　**核心**

所需器材　**瑜伽垫**

主要肌肉　**核心肌群**

要点提示

● 核心收紧。

● 标准臀桥–动态

全程保持均匀呼吸。

1

身体呈仰卧姿势。双腿屈膝，双脚脚尖勾起，双脚脚跟着垫，双手放在身体两侧。

2

腹部和臀部收紧，抬起髋部至躯干与大腿在一条直线上。保持姿势1~2秒。

3

回到起始姿势，完成规定的次数。

要点提示

● 核心收紧。

训练目标　**力量、稳定性**

训练部位　**核心**

所需器材　**瑜伽垫**

主要肌肉　**核心肌群**

● 哑铃–站姿–基本弯举–双臂

手臂屈曲时呼气，
恢复时吸气。

1

双脚开立，间距约等于肩宽。双手
各握一只哑铃垂在身体两侧，掌心
向前。

2

上臂紧贴身体，发力屈臂，使哑铃最大限度地靠近双肩。
回到起始姿势，完成规定的次数。

其他角度展示

要点提示

● 动作过程中，保持身体稳定，上
　身挺直，上臂紧贴身体。

训练目标　力量

训练部位　手臂

所需器材　哑铃

主要肌肉　肱二头肌、肱肌

● 哑铃–站姿–颈后臂屈伸–双臂–单铃

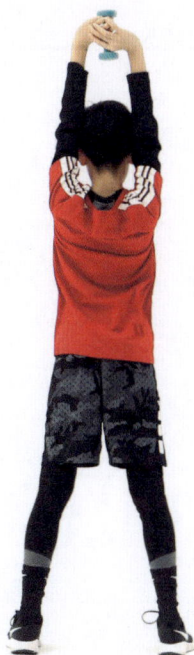

手臂屈曲时呼气，恢复时吸气。

1 双脚开立，间距大于肩宽。双手握一只哑铃，双臂伸直，将哑铃举于头顶。

2 屈曲双肘，下放哑铃，使前臂低于水平位置。上臂后侧发力，回到起始姿势，完成规定的次数。

其他角度展示

要点提示

● 动作过程中，上臂贴近耳侧，核心收紧。

训练目标 **力量**

训练部位 **手臂**

所需器材 **哑铃**

主要肌肉 **肱三头肌**

坐位体前屈测试

5.1 认识坐位体前屈测试

坐位体前屈测试能反映个体关节的灵活性，肌肉和韧带的弹性、伸展性，是综合评价身体柔韧性发展水平的常用指标之一。柔韧性是身体素质和形成运动技能的基础，且其发展贯穿整个儿童和青少年时期。在坐位体前屈测试中，学生的双腿和双臂均需伸直，双脚平踩测试纵板，躯干前屈，双手匀速向前推游标，使其滑至最远处，此时游标对应读数即为坐位体前屈测试成绩。需要注意的是，测试纵板内沿平面对应0点，靠近学生的一侧为负值，远离学生的一侧为正值。一般来说，当个体缺乏锻炼时，大多数个体体质水平的下降都会表现在柔韧性水平上，因此，坐位体前屈测试成绩的变化还能在一定程度上反映学生在测试间隔期内的体育锻炼情况。

◎ 影响因素

柔韧性是影响坐位体前屈测试成绩的主要因素。

● 柔韧性

柔韧性指人体在运动过程中完成大幅度运动技能的能力，其受关节本身结构特征，关节周围组织的体积和跨关节的韧带、肌腱、肌肉及皮肤的伸展性这几个因素的影响。小腿和大腿后侧、臀部和脊柱周围的肌肉、韧带等结缔组织的伸展性和腹部组织的体积都会影响身体的柔韧性，从而影响上半身前屈的幅度，对坐位体前屈测试成绩的高低起着决定性的作用。

◎ 测试规则

1 坐于垫上，双脚完全接触测试纵板，调整身体位置，使双腿伸直并全程保持。

2 双臂向前伸直，躯干逐渐前屈，用双手中指的指尖将标尺上的游标缓慢地推向前方，直至游标到达所能推至的最远处。

双腿全程伸直，膝盖不要弯曲。

◎ 要点提示

● 测试前准备

1 测试前应进行充分的热身，适当拉伸下肢、下背部和肩部肌肉。

2 身穿宽松的服装。

● 测试时注意

1 测试时，双脚抵在测试纵板的最外侧，双腿不要屈曲。

2 肩部柔韧性较好的学生可使用双臂伸直且双手交叠的姿势。

3 预拉伸并深吸气，然后缓慢呼气并向前俯身，双手缓慢匀速地向前推游标，不可向前猛推。

4 测试时，双手均应接触游标。

NO!

不要单手接触游标   膝关节不要屈曲

坐位体前屈测试针对性提升训练

◎ 综合训练指导

现在的学生经常久坐，大腿前侧的髋屈肌长期处于缩短的状态。三、四年级学生的课业负担重于一、二年级学生，因此更应重视对身体前侧肌肉的拉伸，从而避免肌肉柔韧性和力量的不均衡导致的发育异常。例如，对臀部肌肉和大腿后侧肌肉进行拉伸后，还要对髂腰肌、大腿前侧肌肉进行拉伸，以保持骨盆区域前后肌肉的平衡。

随着神经系统的发展，三、四年级学生控制精细动作的能力强于一、二年级学生，因此本书中增加了一些泡沫轴练习和动态拉伸练习。泡沫轴可以松解过度活跃的肌肉，而动态拉伸练习可以更好地发展学生对身体的控制能力，同时，还可以适度增加拉伸训练的多样性。

◎ 典型问题与解决建议

● 柔韧性差

与坐位体前屈测试成绩相关度较高的是足底、小腿后侧、大腿后侧、下背部和肩部的柔韧性，教师应指导学生进行针对性的练习。

◎ 其他注意事项

尽量避免久坐。无论是坐着学习还是进行休闲活动，每过一个小时都要提醒学生起身活动几分钟再继续。此外，腹部脂肪堆积较多的学生要合理控制饮食，同时多进行体力活动，以适当减轻体重，改善腹部脂肪堆积的情况。

◎ 针对性提升练习

● 筋膜球–足底按压

训练目标 **柔韧性**
训练部位 **足底筋膜**
所需器材 **筋膜球、瑜伽垫**
主要肌肉 **无**

全程保持均匀呼吸。

单腿站立，将非支撑侧脚置于筋膜球上。非支撑侧脚前后、左右移动，让筋膜球按压足底所有区域。重复动作至规定的时间，换对侧重复。

要点提示
- 调整身体重心可以控制按压力度。
- 应使用适中的按压力度。按压力度太小，按压效果会较差。按压力度太大，会带来不适感甚至损伤。

● 腘绳肌球式拉伸

随着动作节奏均匀地呼吸。

要点提示
- 至少应保持一侧腿伸直。

训练目标 **柔韧性**
训练部位 **腿部、背部**
所需器材 **药球**
主要肌肉 **腿部肌群、背部肌群**

1

双脚开立，间距大于肩宽，躯干屈曲，双手扶球于双脚之间。

2

双手滚动球，使球围绕双脚做8字形运动。循环滚动球，完成规定的次数。

● 搭档上下传球

全程保持均匀呼吸。

● 注意不要摔倒。

训练目标　柔韧性
训练部位　全身
所需器材　篮球
主要肌肉　全身

第 5 章　坐位体前屈测试

1

两人背对背，呈直立姿势。两人双脚分开，间距约等于肩宽，其中一人手持篮球，另一人双手自然垂于身体两侧。

2

两人双脚位置不变，同时屈髋，略微屈膝，持球者将球于胯下传给搭档，搭档从胯下接球。然后两人同时伸髋直立，双臂上举，搭档将球从头顶上方传给一开始的持球者。回到起始姿势，完成规定的次数。

● **毛毛虫爬行–纵向**

全程保持均匀呼吸。

1 身体呈直立姿势，双脚略分开，核心收紧，背部挺直，双臂自然垂于身体两侧。保持核心收紧，屈髋俯身，使双手着地，并尽量保持双腿伸直，但不要锁死。

2 保持双脚位置不变的同时，双手交替向前移动。

3 当身体打开，头部、躯干、双腿在一条直线上时，挺胸抬头，使身体呈反弓形，并注意保持双腿不着地。

要点提示

● 爬行过程中，核心收紧，躯干保持稳定，身体不要左右晃动。

4 保持双手位置不变，双脚交替向前靠近双手。完成规定的次数或距离。

● 弓步–早安式

起身时吸气，俯身时呼气。

1

身体呈直立姿势，背部挺直，双臂自然垂于身体两侧。

2

保持一只脚不动，对侧腿向前迈出，呈弓步姿势，后侧腿蹬直。

训练目标　**柔韧性**

训练部位　**臀部、腿部**

所需器材　**无**

主要肌肉　**臀大肌、腘绳肌**

3

俯身至躯干大致与地面平行，双臂自然垂于肩部下方，保持该姿势1~2秒。回到起始姿势，完成规定的次数。换对侧重复。

要点提示

● 动作过程中，躯干始终保持挺直。

● 身体-向上-向下伸展

训练目标 **柔韧性**

训练部位 **腿部**

所需器材 **无**

主要肌肉 **肩部肌群、下肢肌群**

全程保持均匀呼吸。

● 身体保持稳定，向上和向下伸展时达到最大幅度。

1 身体呈直立姿势，核心收紧，背部挺直，双脚并拢，双臂自然垂于身体两侧，挺胸抬头，目视前方。

2 双臂同时上举，双手掌心紧贴，伸过头顶，达到最大幅度。屈髋俯身，直臂向下，双腿保持伸直，双手尽量向下伸展，达到最大幅度。回到起始姿势，完成规定的次数。

● 弹力带-仰卧-腘绳肌拉伸

训练目标 **柔韧性**　　主要肌肉 **腘绳肌**

训练部位 **大腿**

所需器材 **瑜伽垫、弹力带**

要点提示

● 拉伸过程中，背部始终紧贴垫面。

● 拉伸过程中，双脚始终伸直，非拉伸腿不要离开垫面。

1 身体呈仰卧姿势，将弹力带的中段固定在拉伸腿的脚掌上，双手握住弹力带的两端，保持弹力带有一定的张力。

全程保持均匀呼吸。

2 拉伸腿伸直上抬，双臂下拉弹力带，拉伸腘绳肌，保持该姿势至规定的时间。换对侧重复。

● 泡沫轴–臀肌按压

全程保持均匀呼吸。

1

身体呈坐姿，双臂伸直撑于体后，双手手指指向前方，将泡沫轴置于臀部下方。

2

移动身体，使泡沫轴在臀部周围来回滚动，且泡沫轴需要在肌肉酸痛点上停留一定的时间。完成规定的次数或时间。

其他角度展示

要点提示

● 滚动泡沫轴时，核心收紧，重点体会臀部肌群的按压感。

训练目标　**柔韧性、恢复再生、激活放松**

训练部位　**臀部**

所需器材　**泡沫轴、瑜伽垫**

主要肌肉　**臀大肌**

● 泡沫轴-腘绳肌按压

全程保持均匀呼吸。

1

身体呈坐姿，双臂伸直撑于体后，一侧腿伸直，泡沫轴置于该侧大腿下方，对侧腿屈曲置于该侧小腿上。

2

双手推地身体移动，使泡沫轴在大腿后侧来回滚动，且泡沫轴需要在肌肉酸痛点上停留一定的时间。完成规定的次数或时间，换对侧重复。

其他角度展示

要点提示

● 滚动泡沫轴时，核心收紧，重点体会腘绳肌的按压感。

训练目标　柔韧性、恢复再生、激活放松

训练部位　大腿

所需器材　泡沫轴、瑜伽垫

主要肌肉　腘绳肌

● 腘绳肌拉伸

训练目标 **柔韧性**　　　所需器材 **瑜伽垫**
训练部位 **大腿**　　　　主要肌肉 **腘绳肌**

> 全程保持均匀呼吸。

要点提示

● 拉伸腿尽可能伸直。

身体呈仰卧姿势，一侧腿自然伸直置于垫上，另一侧腿伸直抬高，垂直于地面，同时双手交叉，抱住抬高腿。双手向内拉抬高腿，直至该侧腿腘绳肌有一定的牵拉感。保持该姿势至规定的时间，换对侧重复。

● 臀肌和梨状肌–被动拉伸–仰卧4字形

> 全程保持均匀呼吸。

要点提示

● 颈部、肩部放松。

1 身体呈仰卧姿势，双腿屈曲，一侧脚交叉置于对侧大腿上，呈4字形。双手交叉抱住下侧腿的大腿，将双腿抬离地面。

训练目标 **柔韧性**
训练部位 **臀部**
所需器材 **瑜伽垫**
主要肌肉 **臀大肌、梨状肌**

2 双手继续抱住大腿并将其拉向胸部，直至目标肌肉有一定的牵拉感。保持该姿势至规定的时间。换对侧重复。

● 坐姿转体拉伸

全程保持均匀呼吸。

训练目标　柔韧性
训练部位　背部、臀部
所需器材　瑜伽垫
主要肌肉　腰方肌、竖脊肌、臀中肌

要点提示

● 颈部、肩部放松。

1 坐在瑜伽垫上，双腿伸直，双手撑在身体后侧。

2 一侧腿屈膝，跨过对侧腿，抵在对侧腿膝关节外侧。躯干向屈膝腿一侧旋转，对侧手臂抵在屈膝腿膝关节外侧。躯干继续向后转动至目标肌肉有一定的牵拉感，保持该姿势至规定的时间。

● 俯卧撑–印度式

训练目标　力量
训练部位　全身
所需器材　瑜伽垫
主要肌肉　全身

还原时呼气，上推时吸气。

1 身体呈四点支撑的俯撑姿势（双手和双脚脚尖着地），双臂伸直，双手间距略大于肩宽。头部抬起，髋部慢慢下沉，保持双臂伸直，身体呈反弓形。

要点提示

● 身体呈反弓形时，头部不要过度后仰。

2 双手推地，使髋部慢慢上移至手臂与躯干在一条直线上，身体呈倒V字形。

3 回到起始姿势，完成规定的次数。

● 股四头肌拉伸

训练目标　柔韧性
训练部位　大腿
所需器材　瑜伽垫
主要肌肉　股四头肌

全程保持均匀呼吸。

要点提示

● 保持躯干和大腿前侧不离开垫面，身体不向一侧旋转。

俯卧于垫子上，身体挺直，一侧手牵拉同侧脚背，使其向臀部移动至最大幅度，同时避免髋关节屈曲，保持该姿势至规定的时间。换对侧重复。

● 半跪姿-股四头肌拉伸

要点提示

● 保持背部挺直，向前推髋。

全程保持均匀呼吸。

训练目标　柔韧性
训练部位　大腿
所需器材　瑜伽垫
主要肌肉　股四头肌

身体呈半跪姿。前腿屈膝90度，后腿膝盖着垫，后腿侧手握住后脚踝关节。背部挺直，对侧手放在前腿膝盖上。后腿侧手尽量将后脚拉向臀部，身体慢慢前倾，直至后腿股四头肌有一定的牵拉感，保持该姿势至规定的时间。换对侧重复。

● 泡沫轴-股四头肌按压

要点提示

● 滚动泡沫轴时，核心收紧，重点体会股四头肌的按压感。

训练目标　柔韧性、恢复再生、激活放松
训练部位　大腿
所需器材　泡沫轴、瑜伽垫
主要肌肉　股四头肌

全程保持均匀呼吸。

1 身体呈俯卧姿势，双臂屈肘支撑，前臂触垫支撑。将泡沫轴置于按压腿大腿下方，双脚交叉，对侧脚在上方。

2 双臂发力带动身体移动，使泡沫轴在大腿前侧来回滚动，且泡沫轴需要在肌肉酸痛点上停留一定的时间。完成规定的次数或时间，换对侧重复。

1 分钟跳绳测试

6.1 认识 1 分钟跳绳测试

6.2 1 分钟跳绳测试针对性提升训练

6.1 认识1分钟跳绳测试

1分钟跳绳测试能够反映个体的灵敏性、协调性和腿部力量等身体素质的水平。在1分钟跳绳测试中，学生两人一组，一人测试，一人计数。开始指令发出后，1分钟倒计时启动，测试学生开始跳绳，计数学生开始计数。测试学生应使用正摇双脚跳绳动作，每跳跃1次且摇绳1周计为1次。1分钟到，停止跳绳，此时计数学生所记录的次数即为测试成绩。《标准》指出，1分钟跳绳测试具有一定的难度，为小学生体质健康测试的高优指标，也是儿童和青少年锻炼身体的良好项目。

◎ 影响因素

1分钟跳绳是一个受协调性、速度耐力和灵敏性等因素综合影响的运动项目。

● 协调性

协调性指人体在运动过程中身体各个器官、系统在时间和空间上相互配合完成动作的能力。在快速跳绳时，摇动绳子的手臂与跳跃的腿部要协调配合，才能减少失误，从而在1分钟内达到尽可能多的跳绳次数。

● 速度耐力

与在50米跑中需要尽可能持久地保持最快的速度一样，若能在跳绳的1分钟内一直保持较快的速度，1分钟跳绳测试成绩自然会更好。

● 灵敏性

灵敏性指个体面对各种突然的变化，能迅速、准确、协调、灵活地完成动作的能力，是个体的各种运动技能和身体素质在运动中的综合表现。当在跳绳的过程中出现较小的失误时，灵敏性较好的个体可以迅速地通过调整身体姿态或跳绳速度来纠正这种失误，从而回到正常的跳绳节奏中。

1分钟跳绳的影响因素

- 协调性
- 速度耐力
- 灵敏性

◎ 测试规则

1 将跳绳调节到适合自己的长度。

2 将跳绳置于身体后方，双手各握一个绳把。双手向前伸，拉紧跳绳，使跳绳的中间部分抵在小腿下侧的后方，形成跳绳准备姿势。

3 听到开始信号后，根据自己的熟练度，采用正摇双脚同时跳或正摇双脚交替跳的方式进行跳绳。每跳跃1次且摇绳1周计为1次。

4 听到结束信号后，停止跳绳，此时记录的跳绳次数即为测试成绩。

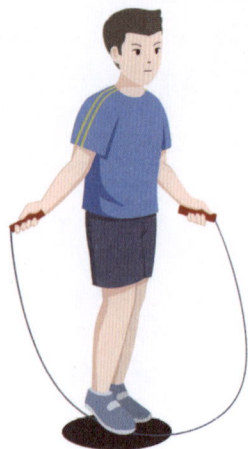

◎ 要点提示

● 测试前准备

1 测试前应进行充分的热身，尤其应活动手腕、膝关节和脚踝。

2 身穿合适的运动服和跑鞋。

● 测试时注意

1 一定要将跳绳调节至适合自己的长度，双手握住绳把的中段。

2 在跳绳过程中，上臂不要离开躯干，双手应低于肘部。

3 跳起时，双腿不要向后勾。

4 落地时，前脚掌着地，不要在地面停留过长时间。

5 保持有节奏的呼吸且身心放松，不必过于紧张。

6 失误后迅速调整，不慌不忙，保持自己的节奏。

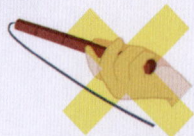

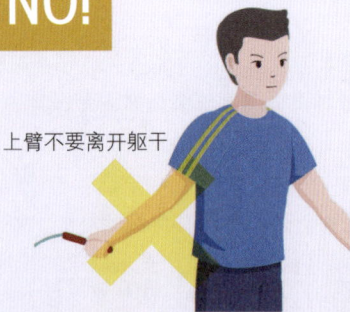

上臂不要离开躯干

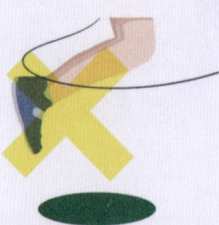

跳起时，双腿不要向后勾

双手握住绳把的中段，不要过于靠前或靠后

6.2 1分钟跳绳测试针对性提升训练

◎ 跳绳技术学习

● 调节绳长

双手各握一个绳把，单脚踩住跳绳的中段，双手对称拉紧跳绳，拉紧后跳绳的两端应处于腰部以上胸部以下的高度。初学者一般使用可以将跳绳的两端拉至胸部高度的长度。

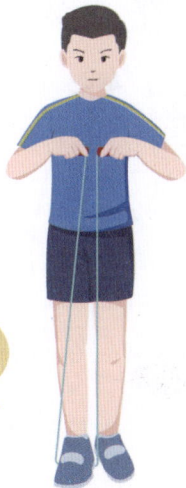

将跳绳调节到合适的长度。

● 摇绳

测试时应采用拇指与其他四指分开、自然握住跳绳一端的握法，掌心朝前。上臂紧贴躯干，前臂向外打开，以手腕为轴摇动跳绳。学生可进行单臂摇绳练习和双臂摇绳练习。

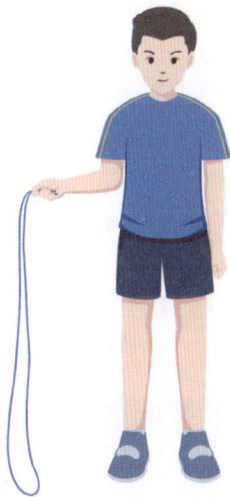

● 纵跳

双脚前脚掌起跳和着地。跳起的高度不宜太高，一般为3~5厘米，太高会影响跳绳的速度，太低则容易造成失误，以刚好能越过跳绳的高度为宜。起跳后，双膝在空中应保持自然放松的状态，无须刻意绷直或弯曲。落地时，双膝稍微屈曲，起到缓冲的作用，避免给膝关节造成过大的负荷。落地后，双脚应随即再次起跳。学生可进行原地双脚跳练习和原地双脚交替跳练习。

跳起 3~5 厘米，落地时，双膝微屈。

● **手脚配合**

　　在遵循摇绳和纵跳的要点的前提下，进行双臂摇绳和纵跳结合的练习，目标是做到手脚协调，把握好起跳时机，即在绳子即将触碰地面的时候起跳。

● **跳绳**

　　先进行双脚并脚跳绳练习：双手各握一个绳把，从后向前摇绳，绳子落地前的一瞬间双脚同时向上跳，让绳子从脚下通过。熟练掌握双脚并脚跳绳技术后，可进行双脚交替跳绳练习：双手各握一个绳把，从后向前摇绳，绳子落地前的一瞬间双脚交替向上跳，让绳子依次从双脚下通过。

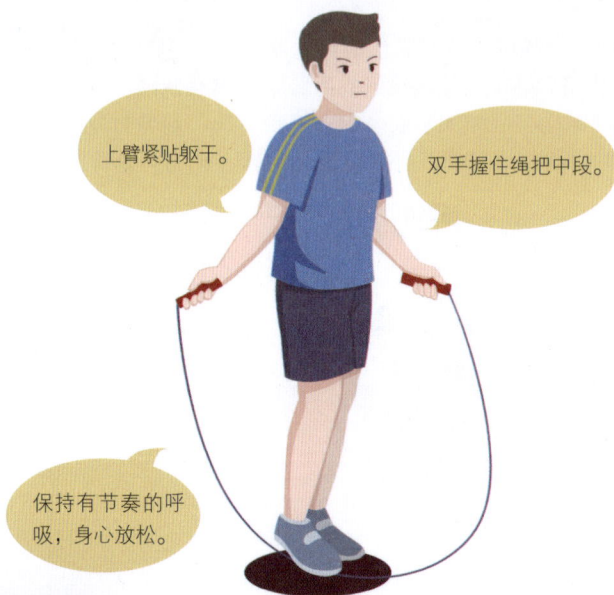

◎ 综合训练指导

　　1分钟跳绳测试成绩的提升以协调性训练为主。如果协调性较差的学生难以完成一些对协调性要求较高的练习，教师可以指导他们先分别练习上半身和下半身的动作，熟悉以后再将其结合起来练习。此外，一些节拍类练习有助于增强学生的节奏感，以及提升他们的身体协调性。在训练时，教师可以根据学生的情况，加快节拍类练习的节奏或故意将节奏打乱，以丰富动作的变化，以此训练学生的反应能力，这有助于学生在跳绳过程中更快地纠正失误，保持跳绳的节奏。但是增加难度时一定要循序渐进，避免过于心急而打击学生的自信心。

　　在进行跳绳训练时，学生应有意识地放松手臂和腿部，增强神经系统对肌肉的控制，让最佳姿势的完成达到自动化的程度。同时，在平时的训练中学生要留意适合自己的绳长，方便在1分钟跳绳测试前快速将跳绳调节到最佳长度。还有一个重要的方面就是要坦然面对失误。一旦发生失误，学生要迅速调整好心态，回到之前的节奏中，不要陷入对失败的恐惧而将注意力过多地放在动作技术上。

◎ 典型问题与解决建议

● 上臂离开躯干、前臂位置过高、手腕外翻、身体歪斜

以上均为学生易出现的典型摇绳问题，容易导致脚绊绳、消耗过多体力等问题，教师应指导学生进行摇绳练习和手臂力量练习。其中，第一个问题最为常见，推荐的纠正办法包括让学生在上臂和躯干之间夹一张纸、将弹力带围绕在学生上臂处等，以此来强制学生上臂紧贴躯干，养成正确的习惯。

● 全脚掌着地、跳得过高、勾脚跳、前后移动

以上均为学生易出现的典型纵跳问题，容易导致消耗过多体力、脚勾绳等问题，教师应指导学生进行纵跳练习。教师一定要帮助学生纠正跳得过高和全脚掌着地的问题，这两个问题既会影响1分钟跳绳测试成绩，还会引起膝盖和脚踝损伤。三、四年级学生正处于技术定型的关键期，要不断强化正确的技术动作，纠正存在的突出问题。

● 垫步跳、手脚不协调

出现这两个问题的学生往往掌握不好跳跃的时机，导致手臂摇绳的动作和双脚起跳的动作未搭配上。教师应指导学生进行双臂摇绳和纵跳结合的练习、协调性练习，并通过慢速跳绳练习改正错误、找到自己的节奏。这类问题一旦定型就较难纠正，而三、四年级是纠正此类问题的关键期，教师必须指导学生彻底纠正这类问题。

● 耐力差

在测试的后半程，耐力较差的学生的跳绳速度往往会明显降低，导致整体跳绳次数不多，测试成绩不佳。一方面，教师应指导学生学会合理分配体能，在整个测试过程中均保持较高的跳绳速度；另一方面在日常训练时，教师可指导学生进行1分半跳绳练习。

● 失误多

失误多既影响跳绳节奏，又影响测试心态，会导致测试成绩不佳。教师一定要指导学生失误后迅速调整，降低负面影响。同时，教师可通过100次不间断跳绳、限时100次不间断跳绳练习训练学生在保持较高的跳绳速度的情况下降低失误率。

● 单臂摇绳

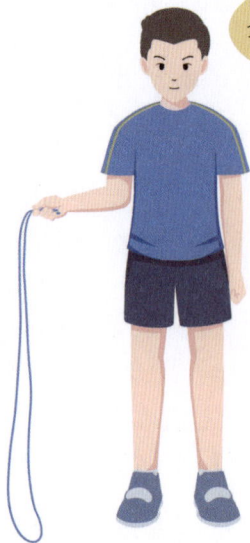

> 全程保持均匀呼吸。

训练目标 摇绳技术、力量

所需器材 跳绳

身体呈直立姿势，双脚分开，间距约等于肩宽。一侧手臂屈曲90度，上臂紧贴躯干，手持跳绳，对侧手臂自然垂于体侧。持跳绳的手以手腕为轴向前摇绳，摇绳一周为1次。完成规定的次数。换对侧重复以上步骤。

要点提示

● 以手腕为轴摇绳，手臂保持放松。

● 全程保持摇绳手上臂紧贴躯干。

● 原地双脚交替跳

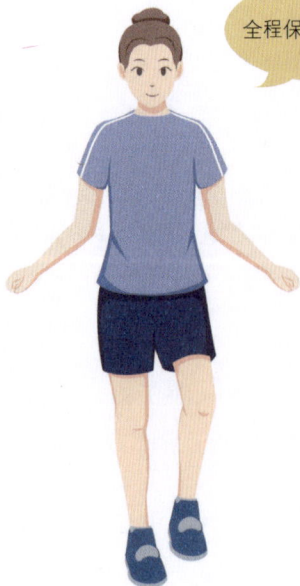

> 全程保持均匀呼吸。

训练目标 跳跃、跳绳速度

所需器材 无

身体呈直立姿势，双脚并拢。一侧脚抬高，对侧脚前脚掌蹬地，单脚原地起跳。落地时微微屈膝，缓冲地面的反作用力。随即换对侧脚前脚掌蹬地起跳，左右交替，进行连续跳跃。双腿交替为1次。完成规定的次数。

要点提示

● 不用跳起太高，3~5厘米即可。

● 双臂可以配合跳跃的节奏，徒手摇绳。

● 全程保持背部挺直、身体稳定。

● 行进双脚并脚跳

训练目标　跳跃、跳绳速度
所需器材　无

要点提示

● 每次跳跃的高度、距离和速度适中即可，重点是学习和体会跳跃动作。

身体呈直立姿势，双脚并拢，双臂屈曲，上臂贴于体侧。双脚前脚掌蹬地，双脚同时向前跳，同时双臂向上摆动。落地时微微屈膝，缓冲地面的反作用力，同时双臂向下摆动。落地后随即起跳，连续向前跳跃。完成规定的次数或距离。

● 行进双脚交替跳

训练目标　跳跃、跳绳速度
所需器材　无

要点提示

● 每次跳跃的高度、距离和速度适中即可，重点是学习和体会跳跃动作。

身体呈直立姿势，双脚并拢，双臂屈曲，上臂贴于体侧。一侧脚抬高，对侧脚前脚掌蹬地，单脚向前起跳，同时对侧手臂向前摆，同侧手臂向后摆。落地时微微屈膝，缓冲地面的反作用力。随即换对侧脚前脚掌蹬地起跳，左右交替，连续向前跳跃。完成规定的次数或距离。

● 标准跳绳

训练目标　协调性、跳绳速度、耐力
所需器材　跳绳、秒表

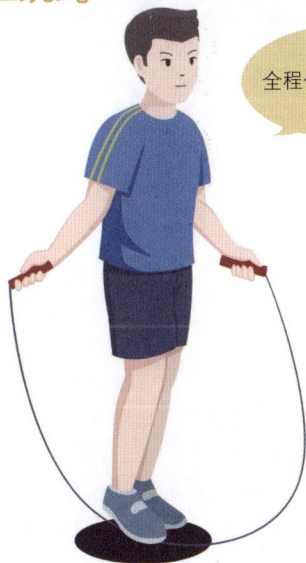

全程保持均匀呼吸。

要点提示

● 以手腕为轴摇绳，手臂保持放松。
● 全程保持上臂紧贴躯干。
● 不用跳起太高，3~5厘米即可。

双手以手腕为轴向前摇绳。在跳绳被摇至身体前方即将接触地面时，双脚同时跳起，摇绳动作不停，让跳绳迅速在脚下通过，落地时跳绳被摇至身体后方。每跳1次且摇绳1周为1次。完成规定的次数。

● 30次不间断跳绳

使用标准跳绳姿势，不间断地跳绳30次。如果在达到30次之前失误，应重新计数。

● 100次不间断跳绳

使用标准跳绳姿势，不间断地跳绳100次。如果在达到100次之前失误，应重新计数。

● 限时100次不间断跳绳

使用标准跳绳姿势，在规定的时间内不间断地跳绳100次。如果在达到100次之前失误，应重新计数。如果未在规定的时间内完成100次连续跳绳，应再次进行该练习。

● 单腿跳绳

全程保持均匀呼吸。

单腿站立，一侧腿支撑于地面，对侧腿屈髋屈膝，脚悬空。双手持跳绳，背部挺直。

单腿跳绳至规定的次数。换对侧重复。

训练目标　**平衡性、耐力**
训练部位　**腿部**
所需器材　**跳绳**
主要肌肉　**下肢肌群**

要点提示

● 保持一定的节奏。
● 一开始进行该练习时，允许学生为了保持身体平衡而使上臂离开躯干。练习一段时间后，尽可能使上臂紧贴躯干。

● 交叉跳绳

训练目标 协调性、灵敏性

训练部位 全身

所需器材 跳绳

主要肌肉 下肢肌群

要点提示

● 跳跃时，注意身体保持协调。

全程保持均匀呼吸。

1

身体呈直立姿势，双脚靠拢，双臂屈曲，双手拿绳，伸至胸前。

2

下肢肌肉快速发力，完成1次跳跃。第2次起跳后，腾空时双臂在胸前做左右交叉动作，完成第2次跳跃。此为完成1次交叉跳绳。完成规定的次数。

111

● 螃蟹爬行–纵向

要点提示

● 核心收紧。
● 身体重心不要起伏。

训练目标 力量、稳定性、协调性
训练部位 全身
所需器材 无
主要肌肉 全身

全程保持均匀呼吸。

1

身体呈坐姿，双臂支撑于地面，双腿屈髋屈膝，双脚支撑于地面，臀部与地面之间约有一拳的距离，核心收紧，面部朝前。

2

身体对侧肢体交替向前或向后移动。完成规定的距离。

● 螃蟹爬行–横向

全程保持均匀呼吸。

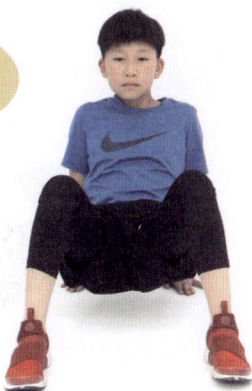

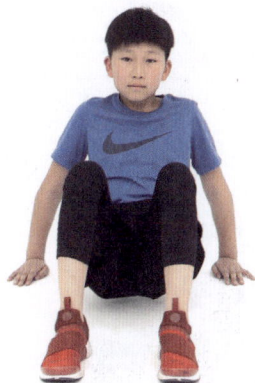

1 身体呈坐姿，屈髋屈膝，使双手和双脚触地支撑。双臂伸直，但注意不要锁死，目视前方。臀部与地面之间约有一拳的距离。

2 保持核心收紧，身体对侧肢体交替向一侧移动。完成规定的距离。

要点提示

● 爬行时，保持核心收紧，四肢协调地移动。

训练目标 **稳定性、力量、协调性**
训练部位 **全身**
所需器材 **无**
主要肌肉 **核心肌群**

● 双腿提踵

全程保持均匀呼吸。

要点提示

● 核心收紧。
● 双腿伸直。

训练目标 **力量**
训练部位 **腿部**
所需器材 **无**
主要肌肉 **腓肠肌**

1 双脚开立，挺胸直背，核心收紧，双臂自然垂于身体两侧。

2 双脚脚跟抬离地面，双脚前脚掌支撑于地面，身体重心移向双脚前脚掌。回到起始姿势，完成规定的次数或时间。

● 站姿–对侧–前后–手碰脚

全程保持均匀呼吸。

1 身体呈直立姿势，双脚开立，间距大于肩宽，双臂自然垂于身体两侧，保持核心收紧。

2 双脚跳动，同时抬一侧腿屈髋屈膝并用对侧手与该侧脚触碰。换对侧重复。

训练目标　**灵敏性、协调性**

训练部位　**全身**

所需器材　**无**

主要肌肉　**下肢肌群**

要点提示

● 跳跃过程中，核心收紧，背部挺直。

3 一侧腿向后屈膝并用对侧手向后与该侧脚触碰，然后换对侧重复。重复前后手碰脚动作，完成规定的次数。

● 袋鼠式

| 训练目标 | **爆发力** | 所需器材 | **无** |
| 训练部位 | **腿部** | 主要肌肉 | **下肢肌群** |

跳起时呼气，落地时吸气。

1 身体呈直立姿势，双臂屈曲，前臂与地面接近平行。

2 俯身前倾，屈髋屈膝。

要点提示

● 模仿袋鼠跳跃。

3 下肢肌肉发力，向前跳跃。落地时，屈髋屈膝缓冲。连续跳跃至规定的距离。

● 标志棒–向前向后跳

训练目标 **灵敏性**

训练部位 **臀部、腿部**

所需器材 **标志棒**

主要肌肉 **下肢肌群**

全程保持均匀呼吸。

要点提示

● 保持核心收紧，动作连贯、迅速。

● 落地时不要踩到标志棒。

1 面向标志棒站立，双脚开立，与肩同宽，双臂自然垂于身体两侧。

2 屈髋屈膝后，下肢肌肉快速发力，双脚蹬地，向前跳过标志棒，落地后迅速向后跳回。连续向前向后跳，完成规定的次数。

● 标志棒–侧向跳跃

全程保持均匀呼吸。

1

双脚平行于标志棒站立，双脚分开，与肩同宽。

2

屈髋屈膝后，下肢肌肉快速发力，双脚蹬地，侧向跳过标志棒。

3

落地后随即再次跳过标志棒，回到起始位置。重复侧向来回跳跃，完成规定的次数。

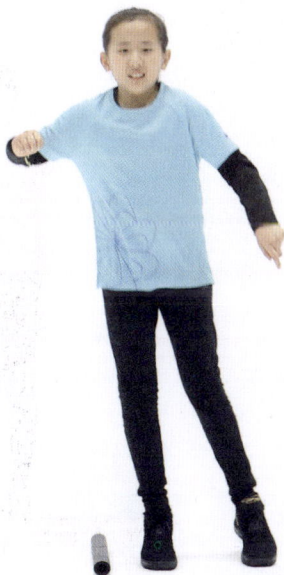

训练目标　**灵敏性、爆发力**

训练部位　**臀部、腿部**

所需器材　**标志棒**

主要肌肉　**下肢肌群**

要点提示

● 跳起时双脚蹬地，下肢发力。
● 落地时不要踩到标志棒。

● 飞越巅峰　　训练目标　**力量、协调性**　　训练部位　**下肢、臀部**
　　　　　　　所需器材　**踏板**　　　　　　主要肌肉　**下肢肌群**

全程保持均匀呼吸。

1 站于踏板一侧，双臂自然垂于体侧。

2 靠近踏板的一侧（内侧）脚踏上踏板，同时双臂外展，上臂抬高。

3 外侧脚踏上踏板，双脚站于踏板之上，同时双臂内收，在体前交叉。

要点提示

● 一侧腿发力踏上踏板时，髋、膝、踝应在同一条力线上且向前。
● 动作过程中，注意手脚协调。

4 原本的内侧脚踏下踏板，同时双臂外展，上臂抬高。

5 原本的外侧脚踏下踏板，双脚站于踏板之下，同时双臂内收，回到起始姿势。重复规定的次数或时间。

● 后踢步

发力时呼气，还原时吸气。

1 面向踏板呈直立姿势，身体挺直，双脚开立，间距约等于髋宽，双臂自然垂于身体两侧。

2 控制上半身稳定，一侧腿屈膝屈髋踏上踏板后略伸展，对侧腿向后伸直悬空。双手放于胸前，身体屈髋前倾。

训练目标	**力量、稳定性**
训练部位	**下肢、核心**
所需器材	**踏板**
主要肌肉	**下肢肌群**

3 放下抬高腿，对侧脚踏下踏板，回到起始姿势。完成规定的次数，换对侧重复。

要点提示

- 动作过程中，核心收紧，背部挺直，保持身体稳定，不来回晃动。
- 踏上踏板和屈髋时，膝盖和脚尖一致向前。

● 侧抬腿步

侧抬腿时呼气。

1 身体侧对踏板呈直立姿势，背部挺直，目视前方。

2 靠近踏板一侧腿屈髋屈膝，迈步上踏板，身体重心转移至踏板上的腿且该侧腿伸直，对侧腿伸直且向外打开，双臂侧平举，维持身体平衡。

训练目标　力量、稳定性
训练部位　髋部、大腿
所需器材　踏板
主要肌肉　髋外展肌、臀大肌、股四头肌

要点提示

● 单腿站立时，注意维持身体平衡。

3 悬空腿落地，回到起始姿势。完成规定的次数。换对侧重复。

1 分钟仰卧起坐测试

1分钟仰卧起坐测试是评价腹部肌肉力量和耐力的常用测试之一。腹部肌肉处于个体的核心区域，会对个体的整体运动能力产生一定的影响。通过1分钟仰卧起坐测试监测学生的腹部肌肉力量和耐力，有助于教师及时发现他们腹部肌群力量不足的问题，引导他们积极进行相关锻炼。在1分钟仰卧起坐测试中，学生应仰卧屈膝，固定双脚，起身时双肘触及或超过双膝，落地时两侧肩胛骨触垫。在起身的过程中，学生不应用双肘撑垫或使臀部离开垫面。值得注意的是，在1分钟仰卧起坐测试中，切忌双手发力，这会对颈椎造成一定的伤害。

◎ 影响因素

1分钟仰卧起坐测试成绩主要受腹部肌肉的速度耐力水平影响。

● 腹部肌肉的速度耐力

与在50米跑、1分钟跳绳中需要尽可能持久地保持最快的速度一样，若能在做仰卧起坐的1分钟内保持高功率输出，以尽可能快的速度重复正确的动作，测试成绩自然较好。

◎ 测试规则

1 按照测试人员的要求，将测试装置放置在规定的位置上；仰卧于垫上，双腿稍稍分开，双膝屈曲约90度；双手手指交叉，置于头部后方；调整自己与测试装备的位置，让自己更加舒服。

2 听到开始口令后，抬起上半身至双肘触及或超过双膝，然后恢复仰卧姿势，此为完成1次，记录1分钟内完成的次数。注意，抬起上半身时，臀部不能离开垫面；恢复仰卧姿势时，双侧肩胛骨必须触垫。

3 1分钟计时结束时，如果上半身未抬起或上半身已抬起但双肘未触及（或超过）双膝，则该次不被计数。

◎ 要点提示

● 测试前准备

1 测试前应进行充分的热身，激活腹部肌肉。

2 身穿宽松的服装。

● 测试时注意

1 双肘可彼此靠近，但双手不要发力，否则容易对颈部造成损伤。

2 规避易犯规点：抬起上半身时，双肘撑地、臀部离开垫面、双肘未触及或超过双膝；恢复仰卧姿势时，双侧肩胛骨未触垫。出现以上任意一种情况，该次不被计数。

3 卷腹、屈髋抬起上半身时呼气，向下恢复仰卧姿势时吸气，避免憋气。

NO!

臀部不要离开垫面

双手不要用力抱头

起身时不要憋气

◎ 综合训练指导

学生想要提高1分钟仰卧起坐测试成绩，需要增强腹部肌肉的力量和速度耐力。但是，切忌只锻炼腹部肌肉。人体是一个整体，前和后、左和右的肌肉力量和紧张度应保持均衡，因此锻炼腹部肌肉的同时绝不能忽略锻炼背部肌肉。我们可以将腹部肌肉和背部肌肉看作一前一后附着在骨盆上的两根绳子，若前者的力量强于后者，会造成前侧的"绳子"将骨盆前侧向上拉，从而导致骨盆后倾，影响学生正常的生长发育。

三、四年级学生体内各个器官并未发育成熟，功能尚不健全，因此在学生训练的过程中，教师要提醒他们均匀呼吸，千万不能憋气，否则会导致腹腔气压增加，血压升高，进而给没有发育完全的心脏带去较大的负担。尤其在进行包含卷腹动作的练习时，教师应提醒学生在腹部用力、向上起身时呼气，恢复至起始姿势时吸气，同时避免双手发力，以防给颈椎带去过大压力，造成损伤。此外，这部分的练习对腹部肌肉的刺激较大，每两次训练最好间隔24小时以上，让腹部肌肉有充足的休息时间。

◎ 典型问题与解决建议

● 动作不合标准

动作不合标准而导致多次仰卧起坐未被计数的问题在三、四年级学生中非常突出。尤其是三年级学生，他们初次参加1分钟仰卧起坐测试，常常因紧张或在平时练习时积累的坏习惯而遗忘测试要点。因此，教师应指导三、四年级学生在平时练习中严格遵守测试规范，以养成良好的习惯，同时多进行模拟测试，让他们能在快速做动作的同时确保动作合乎标准。此外，教师还要在正式测试前，反复提醒他们牢记测试要点。

● 腹部肌肉的速度耐力不够

腹部肌肉的速度耐力不够使得学生无法在1分钟内以标准的动作完成理想的仰卧起坐次数，这是导致学生测试成绩不佳的根本原因。因此，教师应指导学生进行适当的腹部肌肉的速度耐力训练。

◎ 针对性提升练习

● 俯撑–双手–双膝–平板支撑

全程保持均匀呼吸。

训练目标 力量、稳定性
训练部位 核心
所需器材 瑜伽垫
主要肌肉 核心肌群

要点提示

● 动作过程中，保持身体从头部到双膝在一条直线上，避免塌腰。

身体呈四点支撑（双手和双膝着垫）的俯撑姿势，保持双手位于肩部的正下方，双臂伸直，但注意肘关节不要锁死。双脚抬起悬空，双膝着垫，同时保持躯干挺直，腹部和臀部收紧，身体从头部到双膝在一条直线上。保持该姿势至规定的时间。

● 侧卧–单肘单膝撑

要点提示

● 动作过程中，核心收紧，保持身体稳定，避免身体晃动。

全程保持均匀呼吸。

训练目标 力量、稳定性
训练部位 核心
所需器材 瑜伽垫
主要肌肉 核心肌群

身体呈侧卧姿势，近地侧手臂上臂与地面接近垂直，前臂贴垫，屈肘约90度，对侧手臂向上伸直。双腿并拢，屈膝90度，支撑臂一侧的膝部触垫支撑。保持背部挺直，腹部和臀部收紧，抬起髋部，使躯干和大腿在一条直线上。保持该姿势至规定的时间，换对侧重复。

● 侧平板支撑−屈膝

全程保持均匀呼吸。

训练目标 **力量、稳定性**

训练部位 **核心**

所需器材 **瑜伽垫**

主要肌肉 **核心肌群**

身体呈侧卧姿势，双腿屈膝触垫支撑，触垫侧手臂伸直，支撑于肩部的正下方，对侧手叉腰。保持背部挺直，核心收紧，抬起髋部，至躯干与大腿在一条直线上。保持该姿势至规定的时间，换对侧重复。

要点提示

● 动作过程中，保持核心收紧，身体稳定，不前后晃动。

● 侧平板支撑−直腿

全程保持均匀呼吸。

训练目标 **力量、稳定性**

训练部位 **核心**

所需器材 **瑜伽垫**

主要肌肉 **核心肌群**

身体呈侧卧姿势，双腿伸直，双脚交叉，双脚侧面触垫支撑，触垫侧手臂伸直，支撑于肩部的下方，对侧手叉腰。保持背部挺直，核心收紧，抬起髋部，至躯干与双腿尽可能在一条直线上。保持该姿势至规定的时间，换对侧重复。

要点提示

● 动作过程中，保持核心收紧，身体稳定，不前后晃动。

● 仰卧–双肘碰膝

训练目标 **力量**　　　所需器材 **瑜伽垫**

训练部位 **腹部**　　　主要肌肉 **腹直肌**

1 身体呈仰卧姿势。躯干着垫，双手扶住头部两侧。双脚着垫，双腿屈膝约90度。

要点提示

● 动作过程中，保持核心收紧，避免头部代偿。

卷腹时呼气，还原时吸气。

2 保持核心收紧，抬起头部的同时屈髋卷腹，使整个躯干离开垫面，至双肘碰触双膝。回到起始姿势，重复以上步骤，完成规定的次数。

● 仰卧–剪刀腿交叉

训练目标　**力量**

训练部位　**腹部**

所需器材　**瑜伽垫**

主要肌肉　**腹直肌、髂腰肌**

全程保持均匀呼吸。

1 身体呈仰卧姿势。双腿伸直，双臂伸直，自然放于身体两侧。

2 保持核心收紧，屈髋，双腿分开并上抬，双腿与垫面的夹角约为30度。

3 双腿悬空并交替上下交叉呈剪刀状，完成规定的次数或时间。

要点提示

● 动作过程中，保持核心收紧，下背部紧贴垫面。

128

● 仰卧–抬腿向上顶髋

训练目标 **力量**

训练部位 **腹部**

所需器材 **瑜伽垫**

主要肌肉 **腹直肌**

收腹上顶时呼气，还原时吸气。

- 动作过程中，保持核心收紧，双腿伸直。

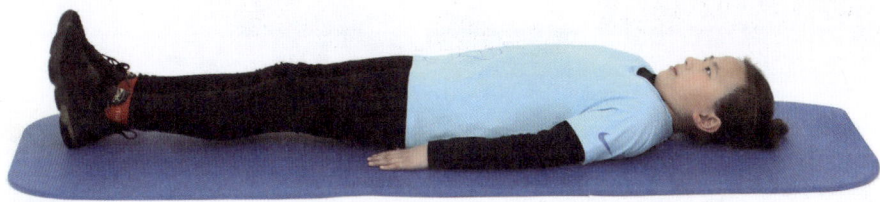

1 身体呈仰卧姿势。双腿伸直，脚尖勾起，双臂伸直，自然放于身体两侧。

2 保持呼吸顺畅，双臂位置不变，核心收紧且发力，双腿伸直向上抬至与垫面接近垂直后，髋部向上顶至离开垫面，在最高位置保持1~2秒。回到起始姿势，完成规定的次数。

第7章 一分钟仰卧起坐测试

● 仰卧-倒踩单车

训练目标 **力量**

训练部位 **腹部**

所需器材 **瑜伽垫**

主要肌肉 **腹直肌、髂腰肌、股四头肌**

全程保持均匀呼吸。

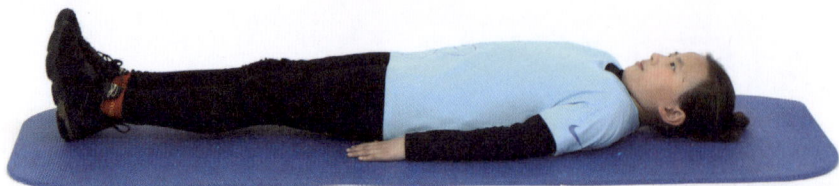

1 身体呈仰卧姿势。双腿伸直，脚尖勾起，双臂伸直，自然放于身体两侧。

2 保持双臂位置不变，核心收紧，屈髋，双腿抬起至与垫面夹角约为45度，一侧屈髋屈膝，使大腿靠向腹部。

要点提示

● 动作过程中，保持核心收紧。

3 屈膝腿蹬直回到与垫面的夹角约为45度的位置，同时对侧屈髋屈膝，使大腿靠向腹部。两侧交替进行，完成规定的时间或次数。

卷腹-转体

训练目标	**力量**	所需器材	**瑜伽垫**
训练部位	**腹部**	主要肌肉	**腹直肌、腹内斜肌、腹外斜肌**

卷腹转体时呼气，还原时吸气。

要点提示

● 核心收紧，避免头部代偿。

1 仰卧于瑜伽垫上，躯干挺直，屈膝屈髋，双脚全掌着垫，双手交叉，环抱于胸前。

2 核心收紧，卷腹的同时向一侧转体，然后回到起始姿势，换对侧重复。两侧交替进行，完成规定的次数。

坐姿转体

训练目标	**柔韧性**	所需器材	**瑜伽垫**
训练部位	**核心、背部**	主要肌肉	**腹内斜肌、腹外斜肌**

全程保持均匀呼吸。

坐在瑜伽垫上，双腿屈曲在身前交叉，双手手掌在胸前对合。下肢保持不动，核心发力，躯干向一侧转动，保持1~2秒。回到起始姿势，换对侧重复。两侧交替进行，完成规定的次数。

要点提示

● 下肢保持不动。

● 仰卧起坐

训练目标	力量	所需器材	瑜伽垫
训练部位	腹部	主要肌肉	腹直肌

1 仰卧于瑜伽垫上，双腿屈曲，双脚全脚掌着垫。双手交叉环抱于胸前。

要点提示

● 核心收紧。
● 颈部不要发力。
● 可以按1分钟仰卧起坐的测试要求进行，即双手手指交叉置于头部后方，注意避免双手用力抱头。

坐起时呼气，还原时吸气。

2 利用腹部的力量拉起躯干，直至背部与地面的夹角约为90度。回到起始姿势，完成规定的次数。

● V字举腿

训练目标	力量	所需器材	瑜伽垫
训练部位	腹部	主要肌肉	腹直肌

1 坐在瑜伽垫上，双腿伸直，双脚并拢。双臂自然放于身体两侧。

要点提示

● 核心收紧，背部挺直，双腿伸直。

全程保持均匀呼吸。

2 保持核心收紧，双臂向两侧伸直抬起，同时抬起双腿，使躯干与双腿呈V字形。保持该姿势至规定的时间。

● 搭档拍手仰卧起坐

训练目标 **力量**

训练部位 **腹部**

所需器材 **瑜伽垫**

主要肌肉 **腹直肌**

1 两人脚对脚，呈仰卧姿势，双腿屈曲，前脚掌相互接触，脚跟触垫，双臂伸直向上举过头顶。

坐起时呼气，
还原时吸气。

要点提示

● 保持核心收紧。

● 两人动作节奏保持一致。

2 保持双脚位置不变，两人腹部发力，屈髋坐起，双臂向前伸直，直至两人双手互相触碰。回到起始姿势，完成规定的次数。

● 仰卧–反向屈髋

训练目标　力量
训练部位　腹部
所需器材　瑜伽垫
主要肌肉　腹直肌、髂腰肌

全程保持均匀呼吸。

1

身体呈仰卧姿势，双腿伸直并拢，双脚稍微抬离地面，保持腹部有一定的张力，双臂伸直，自然放于身体两侧。

2

腹部发力，屈髋屈膝，抬起双腿至大腿与地面垂直，小腿与地面平行。

要点提示

● 核心收紧，背部始终贴紧垫面。

3

回到起始姿势，完成规定的次数。

● 超人式

1 身体呈俯卧姿势，躯干和大腿贴垫，双臂伸直。

抬起时呼气。

2 保持核心收紧，背部与臀部同时发力，使上、下肢最大幅度地抬离垫面。

3 回到起始姿势，重复以上步骤，完成规定的次数。

其他角度展示（抬离垫面时）

要点提示

● 尽量保持双臂伸直，避免过度仰头。

训练目标 **力量、稳定性**
训练部位 **背部、臀部**
所需器材 **瑜伽垫**
主要肌肉 **竖脊肌、肩袖肌群、菱形肌、腰方肌、臀大肌**

● 俯卧–上身抬起

躯干抬起时呼气，还原时吸气。

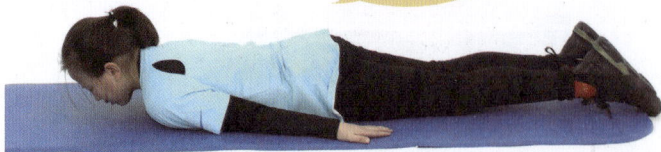

1 身体呈俯卧姿势。双臂伸直，自然放于身体两侧，双腿伸直并拢。

要点提示

● 动作过程中，臀部收紧，躯干发力，下肢固定。

训练目标　**力量**
训练部位　**背部**
所需器材　**瑜伽垫**
主要肌肉　**竖脊肌、斜方肌、菱形肌**

2 保持臀部收紧，背部发力使躯干上部和双臂抬离地面。回到起始姿势，重复以上步骤，完成规定的次数。

● 俯卧–上身抬起–双臂举起

躯干抬起时呼气，还原时吸气。

要点提示

● 动作过程中，臀部收紧，躯干发力，下肢固定。

1 身体呈俯卧姿势。双臂向斜上方伸直，双腿伸直并拢，整个身体呈Y字形。

训练目标　**力量、稳定性**
训练部位　**背部**
所需器材　**瑜伽垫**
主要肌肉　**竖脊肌、菱形肌、肩袖肌群**

2 保持臀部收紧，背部发力使双臂和躯干上部抬离地面。回到起始姿势，重复以上步骤，完成规定的次数。

CHAPTER 第**8**章

针对性提升训练方案

在本书中，每个年级的训练方案分为上、下学期（每学期共20周）2个部分，且以2周为一个阶段进行规划，因此每个学期的训练方案均包括10个计划。

上学期前2周（第1~2周）的训练以搭档之间的配合、游戏的形式为主，目的在于使身体从假期的状态中恢复过来，此时的运动量较小。第3~6周的训练旨在提高学生的有氧耐力、协调性、反应速度和全身力量等身体素质，运动量逐渐增大，以为之后的测试打下良好的基础。第7~10周的运动量达到最大，以高强度间歇的形式训练，发展学生的心肺耐力，因此在这个时期教师可以根据情况对学生进行肺活量测试。之后，练习难度和运动强度增大，运动量有所减小。第11~14周主要发展反应速度、下肢力量和爆发力、腹部力量和速度耐力，在该时期教师可以根据情况对学生进行1分钟仰卧起坐测试。第15~16周、第17~18周分别针对50米跑测试和1分钟跳绳测试进行功能性和专项性练习。整个上学期的所有计划中都包含了一定的针对坐位体前屈的柔韧性练习，因此最后只用了2周时间（第19~20周）专门针对坐位体前屈测试进行训练，同时这也有助于学生借助拉伸练习更好地放松身心，缓解之前训练积累的疲劳。

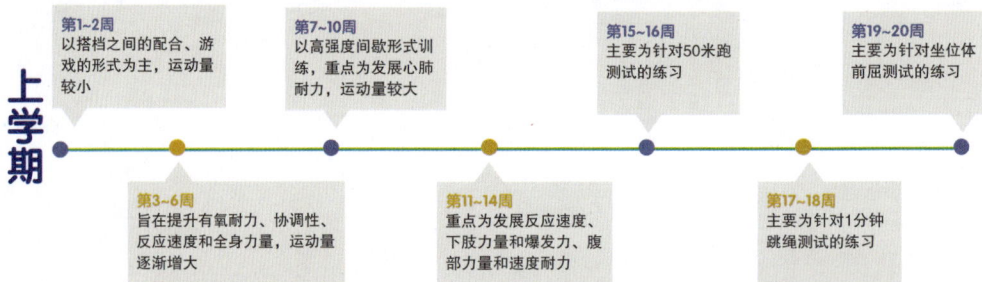

上学期

- **第1~2周** 以搭档之间的配合、游戏的形式为主，运动量较小
- **第3~6周** 旨在提升有氧耐力、协调性、反应速度和全身力量，运动量逐渐增大
- **第7~10周** 以高强度间歇形式训练，重点为发展心肺耐力，运动量较大
- **第11~14周** 重点为发展反应速度、下肢力量和爆发力、腹部力量和速度耐力
- **第15~16周** 主要为针对50米跑测试的练习
- **第17~18周** 主要为针对1分钟跳绳测试的练习
- **第19~20周** 主要为针对坐位体前屈测试的练习

下学期的训练计划虽然也包含各项测试的技巧性练习，但更多以储备体能为目的。本书将下学期的训练计划分为循序渐进的4个周期，初期（第1~4周）以搭档配合、协调类的练习为主，运动量和运动强度都较小。中期（第5~12周）运动量和运动强度逐渐增加，重点发展学生的心肺耐力，并帮助他们熟悉跳绳等较有难度的动作。中后期（第13~16周）运动量和运动强度逐渐减小，但动作难度仍保持在较高的水平，从而在保证心肺耐力水平的前提下优化技术动作。后期（第17~20周）运动强度增大，运动量减小，以避免疲劳累积，涉及一项或多项测试的技巧性练习，重点发展与测试有关的身体素质。

下学期

- **第1~4周** 以搭档配合、协调类的练习为主，运动量和运动强度都较小
- **第5~12周** 重点为发展心肺耐力和熟悉跳绳等较有难度的动作，运动量和运动强度逐渐增大
- **第13~16周** 动作难度保持在较高的水平，运动量和运动强度逐渐减小
- **第17~20周** 涉及测试的技巧性练习，重点发展与测试有关的身体素质，运动强度增大，运动量减小

三年级上学期训练阶段1（第1~2周）[a]

	练习名称	重复	组数	页码	要点提示
热身	侧弓步	30秒	2	191	也可使用节拍口令，动态练习进行4个8拍，静态练习保持2个8拍
	双腿提踵	30秒		113	
	站姿–对侧–肘碰膝–垫步跳	30秒		184	

	练习名称	重复	组数	页码	要点提示
正式	坐姿腿屈伸	10次	2	21	设置相距10米的起点线和终点线，在终点线处放置2个踏板。将学生均分为2组，进行接力赛。 1.在起点线处完成10次坐姿腿屈伸。 2.以袋鼠式的方式行进至终点线处。 3.在终点线处进行20次飞越巅峰。 4.以袋鼠式的方式返回起点线
	飞越巅峰	20次		118	
	袋鼠式	20米		115	

	练习名称	重复	组数	页码	要点提示
放松	泡沫轴–小腿后侧按压	20秒/侧	1	210	强调目标肌肉的按压感或拉伸至目标肌肉有轻微的牵拉感
	身体–向上–向下伸展	6次		94	
	半跪姿–股四头肌拉伸	20秒/侧		100	

[a] 除要点提示中列明了休息时间的练习外，其余练习的间歇时间均为30~45秒，可根据训练安排和学生的身体反应确定具体的间歇时间，余同。

三年级上学期训练阶段2（第3~4周）

	练习名称	重复	组数	页码	要点提示
热身	胸肌-主动拉伸-动态胸部扩张	20次	2	179	也可使用节拍口令，动态练习进行4个8拍，静态练习保持2个8拍
	屈髋外旋跳	10次		181	
	行进弓步	10米		190	

	练习名称	重复	组数	页码	要点提示
正式	大猩猩爬行-纵向	10米	2	50	设置相距10米的起点线和终点线。将学生均分为2组，进行接力赛。每组都派出一名学生站在终点线处。1.在起点线处的学生以大猩猩爬行-纵向的方式行进至终点线处。2.与站在终点线处的学生先完成3次搭档坐下起立，接着完成5次搭档座椅平衡。3.原先站在终点线处的学生以螃蟹爬行-横向的方式行进至起点线处，与下一名学生接力，同时从起点线处过来的学生则代替原先站在终点线处的学生，等待下一名学生的到来
	搭档坐下起立	3次		25	
	搭档座椅平衡	5次		24	
	螃蟹爬行-横向	10米		113	

	练习名称	重复	组数	页码	要点提示
放松	树式伸展	20秒/侧	1	22	强调拉伸至目标肌肉有轻微的牵拉感
	肩部拉伸	20秒/侧		194	
	蝴蝶式	30秒		208	
	臀肌和梨状肌-被动拉伸-仰卧4字形	20秒/侧		97	

三年级上学期训练阶段 3（第 5~6 周）

	练习名称	重复	组数	页码	要点提示
热身	慢跑	2分钟	1	51	无
	毛毛虫爬行–纵向	6次	2	92	
	站姿–对侧–肘碰膝–垫步跳	10次		184	

	练习名称	重复	组数	页码	要点提示
正式	单腿跳绳	15次/侧	2	110	每个练习要求在30秒内完成，并且利用剩下的时间休息，下一个30秒开始时，开始下一组练习
	军步–原地	12次		65	
	后踢步	10次/侧		119	
	快速反应游戏	2分钟	1	63	无

	练习名称	重复	组数	页码	要点提示
放松	跪式起跑者弓步	20秒/侧	1	206	强调目标肌肉的按压感或拉伸至目标肌肉有轻微的牵拉感
	泡沫轴–臀肌按压	20秒		95	
	泡沫轴–腘绳肌按压	20秒/侧		96	
	泡沫轴–小腿后侧按压	20秒/侧		210	

三年级上学期训练阶段4（第7~8周）

	练习名称	重复	组数	页码	要点提示
热身	慢跑	2分钟	2	51	无
	泡沫轴-臀肌按压	30秒		95	
	泡沫轴-股四头肌按压	20秒/侧		101	

	练习名称	重复	组数	页码	要点提示
正式	分腿蹲-交替	16次	2	71	强调动作质量
	后踢步	20次/侧		119	
	军步-原地	16次		65	
	臀桥	20秒		32	

	练习名称	重复	组数	页码	要点提示
放松	半跪姿-股四头肌拉伸	20秒/侧	1	100	强调拉伸至目标肌肉有轻微或中等的牵拉感
	内收肌-坐式主动拉伸	30秒		204	
	臀肌和梨状肌-被动拉伸-仰卧4字形	20秒/侧		97	

三年级上学期训练阶段 5（第 9~10 周）

	练习名称	重复	组数	页码	要点提示
热身	直臂绕环	30次	2	189	也可使用节拍口令，动态练习进行4个8拍，静态练习保持2个8拍
	胸肌–主动拉伸–动态胸部扩张	20次		179	
	克力欧卡舞/交叉步	10米		192	无

	练习名称	重复	组数	页码	要点提示
正式	跪姿–俯卧撑	6次	3	33	每个练习要求在30秒内完成，并且利用剩下的时间休息，下一个30秒开始时，开始下一组练习
	仰卧起坐	16次		132	
	站姿–L字	12次		20	
	俯卧–上身抬起	12次		136	

	练习名称	重复	组数	页码	要点提示
放松	鸟式	20次	1	54	强调拉伸至目标肌肉有轻微或中等的牵拉感
	三角肌拉伸	30秒/侧		195	
	三角肌后束–被动拉伸	30秒/侧		196	
	彩虹式	30秒/侧		208	
	腹肌–主动拉伸–动态眼镜蛇式	10次		206	

三年级上学期训练阶段 6（第 11~12 周）

	练习名称	重复	组数	页码	要点提示
热身	两侧屈–大字	10次		187	也可使用节拍口令，动态练习进行4个8拍，静态练习保持2个8拍
	侧弓步	10次	2	191	
	分腿蹲–交替	10次		71	

	练习名称	重复	组数	页码	要点提示
正式	栏架–高抬腿–纵向–一次一步	6次		76	
	侧桥	20秒/侧	3	82	无
	栏架–双脚跳–旋转–90度	6次		79	
	卷腹–转体	16次		131	

	练习名称	重复	组数	页码	要点提示
放松	筋膜球–足底按压	30秒/侧		90	强调目标肌肉的按压感或拉伸至目标肌肉有轻微或中等的牵拉感
	泡沫轴–腘绳肌按压	30秒/侧		96	
	俯卧撑–印度式	10次	1	99	
	臀肌和梨状肌–被动拉伸–仰卧4字形	30秒/侧		97	
	跪式起跑者弓步	30秒/侧		206	

三年级上学期训练阶段7（第13~14周）

	练习名称	重复	组数	页码	要点提示
热身	侧弓步	10次	2	191	也可使用节拍口令，动态练习进行4个8拍，静态练习保持2个8拍
	踝关节八字跳	10米		185	无
	克力欧卡舞/交叉步	10米		192	

	练习名称	重复	组数	页码	要点提示
正式	手臂摆动	30次	2	62	尽全力以最快的速度摆动
	碎步跑	5~10秒	2~3	64	学生以最快的速度进行碎步跑，然后根据教师的口令进行20米跑
	20米跑	1次		61	
	V字举腿	30秒	2	132	无
	标准臀桥-静态	30秒		82	

	练习名称	重复	组数	页码	要点提示
放松	筋膜球-足底按压	30秒/侧	1	90	强调目标肌肉的按压感或拉伸至目标肌肉有轻微或中等的牵拉感
	俯卧撑-印度式	10次		99	
	臀肌和梨状肌-被动拉伸-仰卧4字形	30秒/侧		97	
	半跪姿-股四头肌拉伸	30秒/侧		100	

三年级上学期训练阶段 8（第 15~16 周）

	练习名称	重复	组数	页码	要点提示
热身	直臂绕环	30次		189	也可使用节拍口令，动态练习进行4个8拍，静态练习保持2个8拍
	侧弓步	10次	2	191	
	行进弓步	10米		190	无

	练习名称	重复	组数	页码	要点提示
正式	手臂摆动	30次	2~3	62	尽最大努力完成
	70米跑	1次		61	

	练习名称	重复	组数	页码	要点提示
放松	身体–向上–向下伸展	8次		94	强调目标肌肉的按压感或拉伸至目标肌肉有轻微或中等的牵拉感
	毛毛虫爬行–纵向	10米		92	
	泡沫轴–小腿后侧按压	30秒/侧	1	21	
	腘绳肌拉伸	30秒/侧		97	
	内收肌–坐式主动拉伸	30秒		204	
	股四头肌拉伸	30秒/侧		100	

三年级上学期训练阶段 9（第 17~18 周）

	练习名称	重复	组数	页码	要点提示
热身	单臂摇绳	30次/侧		108	无
	原地双脚交替跳	20次	2	108	
	行进双脚交替跳	10米		109	

	练习名称	重复	组数	页码	要点提示
正式	单腿跳绳	20次/侧		110	左右各完成20次单腿跳绳后，进行20次交叉跳绳，练习之间的衔接尽量连贯
	交叉跳绳	20次	3	111	
	限时100次不间断	1次	1	110	应根据学生的具体情况规定限制时长

	练习名称	重复	组数	页码	要点提示
放松	身体-向上-向下伸展	8次		94	强调腹式呼吸
	筋膜球-足底按压	30秒/侧		90	强调目标肌肉的按压感或拉伸至目标肌肉有轻微或中等的牵拉感
	泡沫轴-腘绳肌	30秒/侧	1	96	
	弹力带-仰卧-腘绳肌拉伸	30秒/侧		94	
	半跪姿-股四头肌拉伸	30秒/侧		100	

三年级上学期训练阶段10（第19~20周）

	练习名称	重复	组数	页码	要点提示
热身	慢跑	2分钟	1	51	无
	毛毛虫爬行-纵向	10米	2	92	
	身体-向上-向下伸展	10次		94	

	练习名称	重复	组数	页码	要点提示
正式	筋膜球-足底按压	30秒/侧	2~3	90	强调目标肌肉的按压感或拉伸至目标肌肉有轻微或中等的牵拉感
	泡沫轴-臀肌按压	30秒		95	
	臀肌和梨状肌-被动拉伸-仰卧4字形	30秒/侧		97	
	泡沫轴-腘绳肌按压	30秒/侧		96	
	弹力带-仰卧-腘绳肌拉伸	30秒/侧		94	
	泡沫轴-小腿后侧按压	30秒/侧		210	
	俯卧撑-印度式	10次		99	

	练习名称	重复	组数	页码	要点提示
放松	泡沫轴-股四头肌按压	30秒/侧	2	101	强调拉伸至目标肌肉有轻微或中等的牵拉感
	半跪姿-股四头肌拉伸	30秒/侧		100	

三年级下学期训练阶段1（第1~2周）

	练习名称	重复	组数	页码	要点提示
热身	胸锁乳突肌和斜方肌–主动拉伸–头部转动	15次	1	188	也可使用节拍口令，动态练习进行4个8拍，静态练习保持2个8拍
	直臂绕环	30次		189	
	胸肌–主动拉伸–动态胸部扩张	20次		179	
	两侧屈–大字	10次		187	

	练习名称	重复	组数	页码	要点提示
正式	螃蟹爬行–纵向	10米	2~3	112	设置相距10米的起点线和终点线，在终点线处放置2个呼啦圈。将学生均匀分为2组，进行接力赛。每组的一名学生站在距离终点线3步远的位置（在终点线与起点线之间），手持一个药球，面向地面上的呼啦圈，其余学生站在起点线处。 1.在起点线处的学生以螃蟹爬行–纵向的形式行进至终点线处。 2.在终点线处完成10次蹲姿–蜜蜂摆动。 3.站在距终点线3步远位置的学生与在终点线处的学生共同进行10次搭档呼啦圈投接球，之后跑回起点线处自己组的队尾。 4.在终点线处的学生放下药球，拿起呼啦圈，转10圈呼啦圈。转完后，将呼啦圈放回原处，手拿药球走到距离终点线3步远的位置（在终点线与起点线之间）。 5.每组的下一名学生等上一名学生转完呼啦圈之后，即从起点线处出发
	蹲姿–蜜蜂摆动	10次		26	
	搭档呼啦圈投接球	10次		27	
	转呼啦圈	10圈		28	
	侧平板支撑–屈膝	20秒/侧	2	126	提醒学生保持正常呼吸
	超人式	20次		135	

三年级下学期训练阶段 1（第 1~2 周）

	练习名称	重复	组数	页码	要点提示
放松	腘绳肌拉伸	30秒/侧	1	97	强调拉伸至目标肌肉有轻微的牵拉感
	跪式起跑者弓步	20秒/侧		206	
	俯卧–两侧转体看脚跟	20次		202	
	三角肌后束–被动拉伸	20秒/侧		196	

三年级下学期训练阶段 2（第 3~4 周）

	练习名称	重复	组数	页码	要点提示
热身	胸肌–主动拉伸–动态胸部扩张	20次	1	179	也可使用节拍口令，动态练习进行4个8拍，静态练习保持2个8拍
	直臂绕环	30次		189	
	侧弓步	10次		191	
	行进弓步	6米		190	无

	练习名称	重复	组数	页码	要点提示
正式	搭档座椅平衡	5次	3	24	1.学生两两一组，先进行5次搭档座椅平衡，再进行3次搭档坐下起立。 2.每组学生面对面就地进行15秒的俯卧–双手–双膝–平板支撑。 3.将双膝抬起，呈俯撑姿势，与搭档进行6次搭档俯撑拍手。 4.进行20次超人式。 注：在俯卧–双手–双膝–平板支撑、搭档俯撑拍手和超人式这3个练习中，提醒学生保持正常呼吸
	搭档坐下起立	3次		25	
	俯卧–双手–双膝–平板支撑	15秒		125	
	搭档俯撑拍手	6次		23	
	超人式	20次		135	

三年级下学期训练阶段 2（第 3~4 周）

	练习名称	重复	组数	页码	要点提示
放松	蝴蝶式	20秒	1	208	强调拉伸至目标肌肉有轻微的牵拉感
	腘绳肌拉伸	30秒/侧		97	
	跪式起跑者弓步	20秒/侧		206	
	俯卧–两侧转体看脚跟	20次		202	

三年级下学期训练阶段 3（第 5~6 周）

	练习名称	重复	组数	页码	要点提示
热身	振臂跳	10次	2	183	无
	克力欧卡舞/交叉步	10米		192	
	踝关节八字跳	10米		185	

	练习名称	重复	组数	页码	要点提示
正式	开合跳	30次	2~3	49	设置相距10米的起点线和终点线，学生在起点处完成30次开合跳，然后以袋鼠式跳至终点线，接着进行6次分腿蹲–交替
	袋鼠式	10米		115	
	分腿蹲–交替	6次		71	
	仰卧起坐	20次	2	132	提醒学生保持正常呼吸
	侧卧–单肘单膝撑	20秒/侧		125	

	练习名称	重复	组数	页码	要点提示
放松	泡沫轴–小腿后侧按压	20秒/侧	1	210	强调目标肌肉的按压感或拉伸至目标肌肉有轻微的牵拉感
	臀肌和梨状肌–被动拉伸–仰卧4字形	20秒/侧		97	
	股四头肌拉伸	20秒/侧		100	
	彩虹式	20秒/侧		208	

三年级下学期训练阶段4（第7~8周）

	练习名称	重复	组数	页码	要点提示
热身	垫步跳–纵向	10次		180	
	克力欧卡舞/交叉步	10米	2	192	无
	屈髋外旋跳	10次		181	

	练习名称	重复	组数	页码	要点提示
正式	标准跳绳	30次		109	设置相距10米的起点线和终点线，在终点线处放置适当高度的踏板。学生在起点线处完成30次标准跳绳，然后以跳远的形式行进至终点线处（每完成一次跳远后，可以略微往前走几步再开始下一次跳远，要求尽可能跳得远），接着完成后踢步练习
	跳远	10米	2~3	69	
	后踢步	10次/侧		119	
	坐姿转体	10次	2	131	提醒学生保持正常呼吸
	侧卧–单肘单膝撑	25秒/侧		125	

	练习名称	重复	组数	页码	要点提示
放松	泡沫轴–腘绳肌按压	20秒/侧		96	强调目标肌肉的按压感或拉伸至目标肌肉有轻微或中等的牵拉感
	泡沫轴–股四头肌按压	20秒/侧	1	101	
	彩虹式	20秒/侧		208	

三年级下学期训练阶段5（第9~10周）

	练习名称	重复	组数	页码	要点提示
热身	慢跑	20米		51	先慢跑10米，原地进行8次站姿-对侧-肘碰膝-垫步跳，再慢跑回来（10米），原地进行10次弓步-早安式
	站姿-对侧-肘碰膝-垫步跳	8次	2	184	
	弓步-早安式	10次/侧		93	

	练习名称	重复	组数	页码	要点提示
正式	交换跳-横向-呈稳定性支撑（向支撑腿脚踝内侧方向）	5次	2~3	68	无
	军步-原地	20次		65	
	标准跳绳	10次		109	
	仰卧-反向屈髋	10次	2	134	提醒学生保持正常呼吸
	俯卧-上身抬起	10次		136	

	练习名称	重复	组数	页码	要点提示
放松	臀肌和梨状肌-被动拉伸-仰卧4字形	30秒/侧		97	强调拉伸至目标肌肉有轻微或中等的牵拉感
	半跪姿-股四头肌拉伸	30秒/侧	1	100	
	俯卧-两侧转体看脚跟	30次		202	

三年级下学期训练阶段6（第11~12周）

	练习名称	重复	组数	页码	要点提示
热身	慢跑	1分钟	2	51	无
	克力欧卡舞/交叉步	10米		192	以克力欧卡舞/交叉步的形式行进10米，原地进行16次飞越巅峰，再以克力欧卡舞/交叉步的形式返回（10米），进行10次弓步-早安式
	飞越巅峰	16次		118	
	弓步-早安式	10次/侧		93	
	单腿跳绳	30次/侧		110	无

	练习名称	重复	组数	页码	要点提示
正式	栏架-双脚跳-纵向-有反向	5个栏架	2~3	72	将学生平分为2组，进行接力赛。将15个栏架排成一排，让学生先进行栏架-双脚跳-纵向-有反向练习，再进行栏架-双脚跳-横向-有反向练习，接着进行栏架-高抬腿-纵向-一次一步练习
	栏架-双脚跳-横向-有反向	6个栏架		73	
	栏架-高抬腿-纵向-一次一步	4个栏架		76	
	仰卧-双肘碰膝	10次	2	127	提醒学生保持正常呼吸
	俯卧-上身抬起	10次		136	

	练习名称	重复	组数	页码	要点提示
放松	泡沫轴-臀肌按压	30秒	1	95	强调目标肌肉的按压感或拉伸至目标肌肉有轻或中等的牵拉感
	泡沫轴-腘绳肌按压	30秒/侧		96	
	泡沫轴-股四头肌按压	30秒/侧		101	
	俯卧-两侧转体看脚跟	30次		202	

三年级下学期训练阶段 7（第 13~14 周）

	练习名称	重复	组数	页码	要点提示
热身	站姿–对侧–肘碰膝–垫步跳	10次		184	
	弓步–早安式	10次/侧	2	93	无
	侧弓步	10次		191	

	练习名称	重复	组数	页码	要点提示
正式	单腿跳绳	10次/侧		110	
	标准跳绳	20次		109	无
	交叉跳绳	10次		111	
	仰卧起坐	16次	2	132	
	侧平板支撑–直腿	30秒/侧		126	提醒学生保持正常呼吸
	超人式	10次		135	

	练习名称	重复	组数	页码	要点提示
放松	泡沫轴–小腿后侧按压	30秒/侧		210	强调目标肌肉的按压感或拉伸至目标肌肉有轻微或中等的牵拉感
	泡沫轴–下背部按压	30秒	1	199	
	腹肌–主动拉伸–动态眼镜蛇式	10次		206	

三年级下学期训练阶段 8（第 15~16 周）

	练习名称	重复	组数	页码	要点提示
热身	站姿–对侧–肘碰膝–垫步跳	20次	2	184	无
	开合跳	20次		49	
	侧弓步	10次	1	191	

	练习名称	重复	组数	页码	要点提示
正式	M形冲刺	1次	2	80	按照规定的练习顺序和数量设计一个接力赛。要求：完成栏架–高抬腿–纵向一次两步练习后，立刻进行10秒碎步跑，中间尽量不要停顿
	栏架–高抬腿–纵向–一次两步	5个栏架		77	
	碎步跑	10秒		64	
	仰卧–抬腿向上顶髋	10次		129	
	侧平板支撑–直腿	30秒/侧		126	提醒学生保持正常呼吸
	超人式	10次		135	

	练习名称	重复	组数	页码	要点提示
放松	腹肌–主动拉伸–动态眼镜蛇式	10次	1	206	强调目标肌肉的按压感或拉伸至目标肌肉有轻微或中等的牵拉感
	泡沫轴–下背部按压	20秒		199	
	泡沫轴–臀肌按压	20秒		95	
	泡沫轴–腘绳肌按压	20秒/侧		96	
	泡沫轴–股四头肌按压	20秒/侧		101	
	泡沫轴–小腿后侧按压	20秒/侧		210	

三年级下学期训练阶段 9（第 17~18 周）

	练习名称	重复	组数	页码	要点提示
热身	振臂跳	10次		183	
	屈髋外旋跳	10次	2	181	无
	站姿–对侧–前后–手碰脚	10次		114	

	练习名称	重复	组数	页码	要点提示
正式	军步–原地	5~10次		65	学生先进行5~10次军步–原地，听见起跑口令后立刻向前跑20米，接着立刻进行20次单腿跳绳（左右各10次）
	20米跑	1次	2~5	61	
	单腿跳绳	10次/侧		110	
	平板支撑	20秒		29	提醒学生保持正常呼吸。要求：尽可能快地完成15次仰卧起坐
	仰卧起坐	15次	2	132	
	超人式	10次		135	

	练习名称	重复	组数	页码	要点提示
放松	猫狗式–胸椎伸展	6次		209	
	泡沫轴–小腿后侧按压	20秒/侧		210	
	泡沫轴–腘绳肌按压	20秒/侧		96	
	泡沫轴–臀肌按压	20秒		95	强调目标肌肉的按压感或拉伸至目标肌肉有轻微或中等的牵拉感
	弹力带–仰卧–腘绳肌拉伸	30秒/侧	1	94	
	臀肌和梨状肌–被动拉伸–仰卧4字形	30秒/侧		97	
	跪式起跑者弓步	30秒/侧		206	
	俯卧–两侧转体看脚跟	30次		202	

三年级下学期训练阶段 10（第 19~20 周）

	练习名称	重复	组数	页码	要点提示
热身	垫步直腿跳	10次	2	182	无
	屈髋外旋跳	10次		181	
	站姿–对侧–肘碰膝–垫步跳	20次		184	
	毛毛虫爬行–纵向	6次		92	

	练习名称	重复	组数	页码	要点提示
正式	标准跳绳	10次	2	109	在尽可能短的时间内完成，减少失误
	交叉跳绳	10次		111	
	后踢步	10次/侧		119	
	仰卧–双肘碰膝	10次		127	
	仰卧起坐	10次		132	提醒学生保持正常呼吸
	俯卧–上身抬起	10次		136	

	练习名称	重复	组数	页码	要点提示
放松	泡沫轴–小腿后侧按压	20秒/侧	1	210	强调目标肌肉的按压感或拉伸至目标肌肉有轻微或中等的牵拉感
	泡沫轴–腘绳肌按压	20秒/侧		96	
	泡沫轴–臀肌按压	20秒		95	
	身体–向上–向下伸展	8次		94	
	跪式起跑者弓步	60秒/侧		206	
	俯卧–两侧转体看脚跟	30次		202	

四年级上学期训练阶段1（第1~2周）

	练习名称	重复	组数	页码	要点提示
热身	直臂绕环	30次	2	189	也可使用节拍口令，动态练习进行4个8拍，静态练习保持2个8拍
	侧弓步	10次		191	
	猫狗式–胸椎伸展	6次		209	

	练习名称	重复	组数	页码	要点提示
正式	搭档坐下起立	6次	3	25	将两个身高、体重相仿的学生分为一组，依次完成练习。强调动作质量，而非数量
	搭档俯撑拍手	6次		23	
	搭档拍手仰卧起坐	12次		133	

	练习名称	重复	组数	页码	要点提示
放松	肩部拉伸	30秒/侧	1	194	强调拉伸至目标肌肉有轻微的牵拉感
	腹肌–主动拉伸–动态眼镜蛇式	10次		206	
	跪式起跑者弓步	20秒/侧		206	

四年级上学期训练阶段 2（第 3~4 周）

	练习名称	重复	组数	页码	要点提示
热身	胸肌–主动拉伸–动态胸部扩张	20次	2	179	也可使用节拍口令，动态练习进行4个8拍，静态练习保持2个8拍
	两侧屈–大字	10次		187	
	分腿蹲–交替	8次		71	无

	练习名称	重复	组数	页码	要点提示
正式	后踢步	10次/侧	2	119	强调动作质量
	蹲姿–蜜蜂摆动	20次		26	
	站姿–对侧–前后–手碰脚	5次		114	
	站姿–L字	10次		20	

	练习名称	重复	组数	页码	要点提示
放松	腹式呼吸	1分钟	1	46	强调拉伸至目标肌肉有轻微的牵拉感
	肩部拉伸	30秒/侧		194	
	蝴蝶式	30秒		208	
	坐姿转体	10次		131	

四年级上学期训练阶段 3（第 5~6 周）

	练习名称	重复	组数	页码	要点提示
热身	慢跑	1分钟	1	51	无
	追击游戏	2次		63	将5~8名学生分为一组，进行追击游戏

	练习名称	重复	组数	页码	要点提示
正式	单脚跳–横向–呈稳定性支撑（向支撑腿脚踝内侧方向）	3次/侧	2~3	66	强调动作质量
	军步–原地	12次		65	
	踢踏步	12次		52	

	练习名称	重复	组数	页码	要点提示
放松	猫狗式–胸椎伸展	6次	1	209	强调目标肌肉的按压感或拉伸至目标肌肉有轻微的牵拉感
	泡沫轴–臀肌按压	20秒		95	
	泡沫轴–腘绳肌按压	20秒/侧		96	
	泡沫轴–小腿后侧按压	20秒/侧		210	

四年级上学期训练阶段 4（第 7~8 周）

	练习名称	重复	组数	页码	要点提示
热身	慢跑	1分钟	2	51	无
	踝关节平行跳	10米		186	
	站姿–对侧–肘碰膝–垫步跳	20次		184	

	练习名称	重复	组数	页码	要点提示
正式	栏架–单脚跳–纵向–无反向	4次/侧	2	74	强调动作质量
	标准深蹲	12次		26	
	标准臀桥–动态	12次		83	
	侧抬腿步	12次/侧		120	

	练习名称	重复	组数	页码	要点提示
放松	股四头肌拉伸	20秒/侧	1	100	强调拉伸至目标肌肉有轻微或中等的牵拉感
	蝴蝶式	30秒		208	
	坐姿转体	10次		131	

四年级上学期训练阶段 5（第 9~10 周）

	练习名称	重复	组数	页码	要点提示
热身	直臂绕环	30次		189	也可使用节拍口令，动态练习进行4个8拍，静态练习保持2个8拍
	胸肌–主动拉伸–动态胸部扩张	20次	2	179	
	跪撑–肘膝触碰	10次/侧		193	无

	练习名称	重复	组数	页码	要点提示
正式	俯卧撑	5次		32	要求在30秒内完成每个练习，并且利用剩下的时间休息，下一个30秒开始时，开始下一个练习
	仰卧起坐	20次	3	132	
	站姿–L字	12次		20	
	俯卧–上身抬起–双臂举起	12次		136	

	练习名称	重复	组数	页码	要点提示
放松	半月式	10次		54	强调目标肌肉的按压感或拉伸至目标肌肉有轻微或中等的牵拉感
	泡沫轴–肱二头肌按压	30秒/侧		197	
	泡沫轴–肱三头肌按压	30秒/侧	1	198	
	俯卧–两侧转体看脚跟	30次		202	
	臀肌和梨状肌–被动拉伸–仰卧4字形	30秒/侧		97	

四年级上学期训练阶段 6（第 11~12 周）

	练习名称	重复	组数	页码	要点提示
热身	慢跑	1分钟	2	51	无
	标准深蹲	8次		26	
	猫狗式–胸椎伸展	8次		209	

	练习名称	重复	组数	页码	要点提示
正式	栏架–高抬腿–纵向–一次两步	6次	3	77	强调动作质量
	仰卧–剪刀腿交叉	16次		128	
	弹力带–跳跃踢臀	5次		81	
	俯卧–模拟游泳姿（蛙泳）	10次		38	

	练习名称	重复	组数	页码	要点提示
放松	筋膜球–足底按压	30秒/侧	1	90	强调目标肌肉的按压感或拉伸至目标肌肉有轻微或中等的牵拉感
	泡沫轴–腘绳肌按压	30秒/侧		96	
	俯卧撑–印度式	10次		99	
	坐姿转体	10次		131	
	半跪姿–股四头肌拉伸	30秒/侧		100	

四年级上学期训练阶段 7（第 13~14 周）

	练习名称	重复	组数	页码	要点提示
热身	开合跳	30次	2	49	无
	踝关节八字跳	10米		185	
	踢踏步	10次		52	

	练习名称	重复	组数	页码	要点提示
正式	军步-原地	10次	2	65	无
	碎步跑	5~10秒	2~3	64	学生先以最快的速度进行碎步跑，然后根据起跑口令进行50米跑
	50米跑	1次		61	
	仰卧-双肘碰膝	30次	2	127	强调动作质量
	臀桥	30秒		32	

	练习名称	重复	组数	页码	要点提示
放松	筋膜球-足底按压	30秒/侧	1	90	强调目标肌肉的按压感或拉伸至目标肌肉有轻微或中等的牵拉感
	身体-向上-向下伸展	8次		94	
	臀肌和梨状肌-被动拉伸-仰卧4字形	30秒/侧		97	
	股四头肌拉伸	30秒/侧		100	

四年级上学期训练阶段 8（第 15~16 周）

	练习名称	重复	组数	页码	要点提示
热身	屈髋外旋跳	10次	2	181	无
	站姿–对侧–前后–手碰脚	16次		114	
	跪撑–肘膝触碰	10次/侧		193	

	练习名称	重复	组数	页码	要点提示
正式	军步–原地	10次	2~3	65	尽最大努力完成
	70米跑	1次		61	

	练习名称	重复	组数	页码	要点提示
放松	弓步–早安式	6次/侧	1	93	强调拉伸至目标肌肉有轻微或中等的牵拉感
	毛毛虫爬行–纵向	10米		92	
	弹力带–仰卧–腘绳肌拉伸	30秒/侧		94	
	蝴蝶式	30秒		208	
	半跪姿–股四头肌拉伸	30秒/侧		100	

四年级上学期训练阶段 9（第 17~18 周）

	练习名称	重复	组数	页码	要点提示
热身	单臂摇绳	10次/侧	2	108	无
	30次不间断跳绳	1次		110	
	行进双脚交替跳	10米		109	

	练习名称	重复	组数	页码	要点提示
正式	单臂摇绳	30次/侧	2	108	无
	交叉跳绳	20次		111	尽量减少失误
	100次不间断跳绳	1次		110	无
	限时100次不间断跳绳	1次		110	应根据学生的具体情况规定限制时长

	练习名称	重复	组数	页码	要点提示
放松	筋膜球-足底按压	30秒/侧	1	90	无
	身体-向上-向下伸展	10次		94	强调目标肌肉的按压感或拉伸至目标肌肉有轻微或中等的牵拉感
	泡沫轴-腘绳肌按压	30秒/侧		96	
	弹力带-仰卧-腘绳肌拉伸	30秒/侧		94	
	股四头肌拉伸	30秒/侧		100	

四年级上学期训练阶段10（第19~20周）

	练习名称	重复	组数	页码	要点提示
热身	慢跑	2分钟	1	51	无
	俯卧撑-印度式	10次	2	99	
	腘绳肌球式拉伸	10次		90	

	练习名称	重复	组数	页码	要点提示
正式	泡沫轴-下背部按压	30秒	2~3	199	强调目标肌肉的按压感或拉伸至目标肌肉有轻微或中等的牵拉感
	泡沫轴-臀肌按压	30秒		95	
	弹力带-仰卧-腘绳肌拉伸	30秒/侧		94	
	泡沫轴-小腿后侧按压	30秒/侧		210	
	筋膜球-足底按压	30秒/侧		90	

	练习名称	重复	组数	页码	要点提示
放松	泡沫轴-股四头肌按压	30秒/侧	2	101	强调目标肌肉的按压感或拉伸至目标肌肉有轻微或中等的牵拉感
	股四头肌拉伸	35秒/侧		100	

四年级下学期针对性提升训练方案

四年级下学期训练阶段1（第1~2周）

	练习名称	重复	组数	页码	要点提示
热身	慢跑	1分钟	1	51	无
	直臂绕环	30次		189	也可使用节拍口令，动态练习进行4个8拍，静态练习保持2个8拍
	侧弓步	10次		191	
	行进弓步	30米		190	

	练习名称	重复	组数	页码	要点提示
正式	搭档坐下起立	5次	2~3	25	将两个身高、体重相仿的学生分为一组，可以按照练习顺序和数量完成，也可以让学生在完成1次搭档坐下起立后完成1次搭档座椅平衡，从而以组合形式完成这2个练习
	搭档座椅平衡	5次		24	
	标准深蹲	5次		26	
	搭档俯撑拍手	5次		23	
	平板支撑	15秒	2	29	提醒学生保持正常呼吸
	超人式	15次		135	

	练习名称	重复	组数	页码	要点提示
放松	腘绳肌拉伸	20秒/侧	1	97	强调拉伸至目标肌肉有轻微的牵拉感
	跪式起跑者弓步	20秒/侧		206	
	坐姿转体	10次		131	
	腹肌-主动拉伸-动态眼镜蛇式	20次		206	

四年级下学期训练阶段2（第3~4周）

	练习名称	重复	组数	页码	要点提示
热身	胸锁乳突肌和斜方肌-主动拉伸-头部转动	1分钟	1	188	也可使用节拍口令，动态练习进行8个8拍，静态练习保持4个8拍
	胸肌-主动拉伸-动态胸部扩张	1分钟		179	
	直臂绕环	1分钟		189	
	侧弓步	15次		191	

	练习名称	重复	组数	页码	要点提示
正式	大猩猩爬行-纵向	30米	2~3	50	设置4个站点，每2个站点之间的距离为10米，在第3个站点放置适当高度的踏板。
	军步-原地	10次		65	1.从第1个站点出发，以大猩猩爬行-纵向的方式行进至第2个站点，完成10次军步-原地。
	飞越巅峰	10次		118	2.以大猩猩爬行-纵向的方式行进至第3个站点，完成10次飞越巅峰。
	平板支撑	15秒		29	3.以大猩猩爬行-纵向的方式行进至第4个站点，完成15秒平板支撑。要求：尽可能快地完成每个练习
	臀桥	20秒	2	32	提醒学生保持正常呼吸
	超人式	15次		135	

	练习名称	重复	组数	页码	要点提示
放松	肩部拉伸	20秒/侧	1	194	强调目标肌肉的按压感或拉伸至目标肌肉有轻微的牵拉感
	泡沫轴-下背部按压	20秒		199	
	腘绳肌拉伸	20秒/侧		97	
	跪式起跑者弓步	20秒/侧		206	
	腹肌-主动拉伸-动态眼镜蛇式	20次		206	

四年级下学期训练阶段 3（第 5~6 周）

	练习名称	重复	组数	页码	要点提示
热身	直臂绕环	30次		189	
	毛毛虫爬行–纵向	6次	2	92	无
	侧弓步	15次		191	

	练习名称	重复	组数	页码	要点提示
正式	标准跳绳	30次		109	
	站姿–对侧–前后–手碰脚	20次	2~3	114	无
	侧抬腿步	15次/侧		120	
	仰卧起坐	20次	2	132	无
	卷腹–转体	30次		131	

	练习名称	重复	组数	页码	要点提示
放松	泡沫轴–小腿后侧按压	30秒/侧		210	
	泡沫轴–阔筋膜张肌按压	30秒/侧	1	200	强调目标肌肉的按压感或拉伸至目标肌肉有轻微的牵拉感
	股四头肌拉伸	30秒/侧		100	
	俯卧–两侧转体看脚跟	30次		202	

四年级上学期训练阶段 4（第 7~8 周）

	练习名称	重复	组数	页码	要点提示
热身	慢跑	1分钟	1	51	无
	直臂绕环	30次		189	
	毛毛虫爬行–纵向	6次		92	

	练习名称	重复	组数	页码	要点提示
正式	开合跳	21次–18次–15次	3	49	第一组：每个练习重复21次；第二组：每个练习重复18次；第三组：每个练习重复15次。组间休息时间控制在30秒左右
	标准跳绳	21次–18次–15次		109	
	交叉跳绳	21次–18次–15次		111	
	仰卧起坐	20次	2	132	无
	侧平板支撑–直腿	30秒/侧		126	

	练习名称	重复	组数	页码	要点提示
放松	泡沫轴–小腿后侧按压	30秒/侧	1	210	强调目标肌肉的按压感或拉伸至目标肌肉有轻微的牵拉感
	泡沫轴–阔筋膜张肌按压	30秒/侧		200	
	俯卧–两侧转体看脚跟	30次		202	

四年级下学期训练阶段 5（第 9~10 周）

热身	练习名称	重复	组数	页码	要点提示
热身	标准跳绳	20次		109	
	屈髋外旋跳	10次	2	181	无
	垫步直腿跳	10次		182	

正式	练习名称	重复	组数	页码	要点提示
正式	栏架–单脚跳–纵向–无反向	6个栏架		74	将16个栏架排成一列，让学生依次、连贯地完成栏架练习。在栏架末端，按M形冲刺的要求摆好锥桶，学生在完成栏架练习之后立刻进行1次M形冲刺
	栏架–高抬腿–纵向–一次一步	6个栏架	2~3	76	
	栏架–高抬腿–纵向–一次两步	4个栏架		77	
	M形冲刺	1次		80	
	仰卧–双肘碰膝	15次–12次–9次	3	127	第1组：每个练习重复15次；第2组：每个练习重复12次；第3组：每个练习重复9次
	超人式	15次–12次–9次		135	

放松	练习名称	重复	组数	页码	要点提示
放松	腘绳肌拉伸	30秒/侧		97	强调拉伸至目标肌肉有轻微的牵拉感
	臀肌和梨状肌–被动拉伸–仰卧4字形	30秒/侧	1	97	
	俯卧–两侧转体看脚跟	30次		202	

四年级下学期训练阶段 6（第 11~12 周）

	练习名称	重复	组数	页码	要点提示
热身	屈髋外旋跳	10次		181	无
	振臂跳	10次	2	183	
	单腿跳绳	20次/侧		110	

	练习名称	重复	组数	页码	要点提示
正式	单脚跳-横向-呈稳定性支撑（向支撑腿脚踝外侧方向）	1次/侧	5~8	67	用右腿进行跳跃练习，先向右侧跳跃，落地稳定后尽快地向左侧跳跃，稳定后，立刻进行1次跳远，然后换左腿重复 强调跳跃落地后保持稳定
	单脚跳-横向-呈稳定性支撑（向支撑腿脚踝内侧方向）	1次/侧		66	
	跳远	2次		69	
	仰卧-抬腿向上顶髋	15次-12次-9次	3	129	第1组：每个练习重复15次；第2组：每个练习重复12次；第3组：每个练习重复9次
	仰卧-倒踩单车	15次-12次-9次		130	
	超人式	15次-12次-9次		135	

	练习名称	重复	组数	页码	要点提示
放松	腘绳肌拉伸	30秒/侧	1	97	强调拉伸至目标肌肉有轻微的牵拉感
	臀肌和梨状肌-被动拉伸-仰卧4字形	30秒/侧		97	
	坐姿转体	10次		131	
	俯卧-两侧转体看脚跟	30次		202	

四年级下学期训练阶段 7（第 13~14 周）

	练习名称	重复	组数	页码	要点提示
热身	标准跳绳	20次	2	109	无
	开合跳	15次		49	
	双脚左右跳	10次		48	

	练习名称	重复	组数	页码	要点提示
正式	栏架–高抬腿–横向–左右连续–1栏架	6次	2~3	78	体重相近的学生两两一组，每组准备一根弹力带，一名学生完成栏架练习之后，另一名学生帮助这名学生连续完成5次弹力带–跳跃踢臀，两名学生交替进行，之后一起完成6次搭档拍手仰卧起坐
	栏架–双脚跳–旋转–90度	6次		79	
	弹力带–跳跃踢臀	5次		81	
	搭档拍手仰卧起坐	6次		133	
	侧桥	20秒/侧	2	82	无
	标准臀桥–静态	10秒		82	

	练习名称	重复	组数	页码	要点提示
放松	泡沫轴–小腿后侧按压	30秒/侧	1	210	强调目标肌肉的按压感
	泡沫轴–腘绳肌按压	30秒/侧		96	
	泡沫轴–股四头肌按压	30秒/侧		101	
	泡沫轴–臀肌按压	30秒		95	
	泡沫轴–下背部按压	30秒		199	

四年级下学期训练阶段 8（第 15~16 周）

	练习名称	重复	组数	页码	要点提示
热身	毛毛虫爬行–纵向	10米	2	92	无
	开合跳	20次		49	
	克力欧卡舞/交叉步	10米		192	
	标准跳绳	20次		109	

	练习名称	重复	组数	页码	要点提示
正式	搭档上下传球	10次	2~3	91	无
	搭档坐下起立	6次		25	
	搭档拍手仰卧起坐	6次		133	
	标准臀桥–动态	10次	2	83	
	侧桥	30秒/侧		82	
	俯卧–上身抬起	10次		136	

	练习名称	重复	组数	页码	要点提示
放松	泡沫轴–小腿后侧按压	20秒/侧	1	210	强调目标肌肉的按压感或拉伸至目标肌肉有轻微的牵拉感
	泡沫轴–腘绳肌按压	20秒/侧		96	
	泡沫轴–股四头肌按压	20秒/侧		101	
	泡沫轴–臀肌按压	20秒		95	
	泡沫轴–下背部按压	20秒		199	
	腹肌–主动拉伸–动态眼镜蛇式	20次		206	

四年级下学期训练阶段 9（第 17~18 周）

	练习名称	重复	组数	页码	要点提示
热身	踝关节八字跳	10米		185	
	站姿–对侧–前后–手碰脚	20次	2	114	无
	行进弓步	10米		190	

	练习名称	重复	组数	页码	要点提示
正式	单腿跳绳	10次/侧		110	学生先进行20次单腿跳绳（左右各10次），再进行5~10次军步–原地，根据教师口令开始20米跑，最后进行30次手臂摆动。
	军步–原地	5~10次	2~3	65	要求：在尽可能短的时间内完成单腿跳绳，减少失误
	20米跑	1次		61	
	手臂摆动	30次		62	
	仰卧–倒踩单车	20次		130	提醒学生保持正常呼吸。要求：尽可能快地完成15个仰卧起坐
	侧平板支撑–直腿	20秒/侧	2	126	
	俯卧–上身抬起–双臂举起	10次		136	

	练习名称	重复	组数	页码	要点提示
放松	泡沫轴–小腿后侧按压	20秒/侧		210	
	泡沫轴–腘绳肌按压	20秒/侧		96	
	泡沫轴–臀肌按压	20秒		95	强调目标肌肉的按压感或拉伸至目标肌肉有中度的牵拉感
	弹力带–仰卧–腘绳肌拉伸	35秒/侧	1	94	
	臀肌和梨状肌–被动拉伸–仰卧4字形	35秒/侧		97	
	跪式起跑者弓步	30秒/侧		206	
	俯卧–两侧转体看脚跟	30次		202	

四年级下学期训练阶段 10（第 19~20 周）

	练习名称	重复	组数	页码	要点提示
热身	慢跑	1分钟	1	51	无
	踝关节八字跳	10米	2	185	无
	站姿–对侧–前后–手碰脚	20次		114	
	行进弓步	10米		190	

	练习名称	重复	组数	页码	要点提示
正式	交叉跳绳	10次	3~5	111	要求：在尽可能短的时间内完成交叉跳绳，减少失误
	栏架–高抬腿–纵向–一次两步	5个栏架		77	
	20米跑	1次		61	
	手臂摆动	30次		62	
	仰卧起坐	20次	2	132	要求：尽可能快地完成20个仰卧起坐
	侧平板支撑–直腿	20秒/侧		126	无
	俯卧–上身抬起–双臂举起	8次		136	

	练习名称	重复	组数	页码	要点提示
放松	身体–向上–向下伸展	6次	1	94	匀速、缓慢进行
	泡沫轴–小腿后侧按压	20秒/侧		210	强调目标肌肉的按压感或拉伸至目标肌肉有中度的牵拉感
	腘绳肌拉伸	30秒/侧		97	
	臀肌和梨状肌–被动拉伸–仰卧4字形	30秒/侧		97	
	跪式起跑者弓步	30秒/侧		206	
	俯卧–两侧转体看脚跟	30次		202	

附录　热身与放松

◎ 热身推荐练习

● 胸肌–主动拉伸–动态胸部扩张

> 肘部向后移动时呼气，恢复时吸气。

1

双脚开立，双臂自然垂于身体两侧，核心收紧，挺胸抬头，目视前方。双臂屈肘侧平举，双手交叉置于头后。

2

双肘向后移动，直至胸部有一定的牵拉感。回到起始姿势，完成规定的次数或时间。

训练目标	柔韧性
训练部位	胸部
所需器材	无
主要肌肉	胸大肌

要点提示

● 不要弓背或塌腰。

● 垫步跳–纵向

1

身体呈直立姿势。双腿伸直，双脚并拢，双臂自然垂于身体两侧。

跳跃时呼气或屏气，落地时吸气。

2

保持躯干挺直，核心收紧，抬一侧腿至大腿与地面接近平行，对侧脚跳起，双臂自然摆动。抬起腿落地时，在前脚掌接触地面的瞬间，迅速跳起，同时身体重心前移，换对侧腿抬起至大腿与地面接近平行。双腿交替进行，完成规定的时间或次数。

训练目标 **动作技能、热身**

训练部位 **全身**

所需器材 **无**

主要肌肉 **下肢肌群**

要点提示

● 动作过程中，保持膝盖和脚尖一致向前。

● 屈髋外旋跳

全程保持均匀呼吸。

1

身体呈直立姿势，双脚开立，间距略小于肩宽，双手叉腰。

2

双脚同时微微起跳，快速抬起一侧腿，屈髋屈膝至身体前方且大腿约平行于地面，然后向外旋髋。

训练目标 **灵活性、协调性、热身**

训练部位 **髋部、腿部**

所需器材 **无**

主要肌肉 **下肢肌群**

要点提示

● 保持背部挺直，核心收紧。

3

落地后，回到起始姿势，紧接着抬起对侧腿完成同样的动作。回到起始姿势，按照同样的标准，两侧交替进行，完成规定的次数。

● 垫步直腿跳

全程保持均匀呼吸。

1 身体呈直立姿势站立。双腿伸直，双脚开立，间距略小于肩宽，双臂自然垂于身体两侧。

2 保持核心收紧，屈髋伸膝抬一侧腿，同时让对侧手触碰抬起腿的脚尖。抬起腿落地时，在前脚掌接触地面的瞬间，迅速跳起，同时换对侧腿抬起，重复对侧手与脚尖触碰的动作。两侧交替进行，完成规定的次数。

其他角度展示（跳起时，单侧）

训练目标 **灵活性、协调性、热身**

训练部位 **全身**

所需器材 **无**

主要肌肉 **下肢肌群**

要点提示

● 动作过程中，保持膝盖和脚尖一致向前。

● 振臂跳

全程保持均匀呼吸。

1

双脚开立，间距略小于肩宽，双臂自然垂于身体两侧，目视前方。

2

身体向上跳起，一侧手臂伸直举过头顶，对侧腿屈髋屈膝至大腿约与地面平行，对侧手后摆。

3

换对侧重复。两侧交替进场，完成规定的次数。

要点提示

● 核心收紧。

训练目标　**灵活性、协调性、热身**

训练部位　**全身**

所需器材　**无**

主要肌肉　**下肢肌群、肩部肌群**

● 站姿-对侧-肘碰膝-垫步跳

> 肘膝相碰时呼气或屏气，落地时吸气。

1

身体呈直立姿势。双腿伸直，双脚开立，间距略小于肩宽，双臂自然垂于身体两侧。

2

保持核心收紧，双脚跳动，抬一侧腿，屈髋屈膝，同时用对侧手的肘部触碰抬起腿的膝部。抬起腿落地时，在前脚掌接触地面的瞬间，迅速跳起，同时换对侧腿抬起，重复对侧手肘与膝部触碰的动作。两侧交替进行，完成规定的次数或时间。

要点提示

● 动作过程中，躯干挺直，核心收紧。

训练目标 **灵活性、协调性、热身**

训练部位 **全身**

所需器材 **无**

主要肌肉 **下肢肌群**

● 踝关节八字跳

跳跃时呼气或屏气，落地时吸气。

1

身体呈直立姿势。双腿伸直，双脚开立，双脚间距约等于肩宽，双臂自然垂于身体两侧。

2

保持躯干挺直，核心收紧，踝关节发力，双脚交替呈内八字和外八字，向一侧跳动。重复以上步骤，完成规定的距离。

要点提示

● 核心收紧，上半身稳定，不要晃动。

训练目标　**热身、灵敏性**
训练部位　**髋部、腿部**
所需器材　**无**
主要肌肉　**下肢肌群**

● 踝关节平行跳

跳跃时呼气，落地时吸气。

1

身体呈直立姿势。双脚开立，双脚间距约等于肩宽，双臂自然垂于身体两侧。

2

保持双脚间距不变，双脚平行，踝关节发力，双脚脚尖交替向左和向右，向一侧跳动。重复以上步骤，完成规定的距离。

要点提示

● 保持核心收紧，上身稳定不要晃动。

训练目标　**热身、灵敏性**

训练部位　**髋部、小腿**

所需器材　**无**

主要肌肉　**下肢肌群**

● 两侧屈–大字

训练目标 **灵活性、柔韧性**
训练部位 **下肢**
所需器材 **无**
主要肌肉 **下肢肌群**

全程保持均匀呼吸。

要点提示

● 动作过程有控制，不要太快。

1 身体呈直立姿势，核心收紧，背部挺直，双脚开立，间距略大于肩宽，双臂自然垂于身体两侧，挺胸抬头，目视前方。

2

双臂同时侧平举，呈大字形，躯干前屈并向一侧偏转，一手触摸对侧脚尖，然后换对侧重复。两侧交替进行，完成规定的次数。

● 胸锁乳突肌和斜方肌–主动拉伸–头部转动

全程保持均匀呼吸。

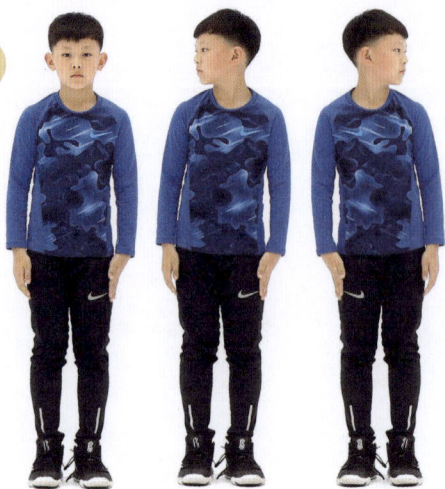

要点提示

- 身体放松。
- 不要弓背。

训练目标　柔韧性

训练部位　颈部、背部

所需器材　无

主要肌肉　胸锁乳突肌、斜方肌

1 双脚开立，间距小于肩宽，双臂自然垂于身体两侧，目视前方。头最大限度地向一侧旋转至目标肌肉有一定的牵拉感。

2 换对侧重复。两侧交替进行，完成规定的次数或时间。

● 跪撑–胸椎旋转

训练目标　灵活性　　训练部位　胸部、背部、肩部

所需器材　瑜伽垫　　主要肌肉　胸大肌、背阔肌、肩部肌群

向内旋转时呼气，向外旋转时吸气。

1 身体呈俯身跪姿，一侧手臂伸直，同侧手撑垫，指尖朝前，对侧臂屈肘，对侧手置于耳侧，躯干挺直，与地面基本平行，目视地面。

2 下肢与髋关节保持稳定，以胸椎为轴，头部与躯干向支撑侧旋转，直至非支撑侧手臂的肘部触及支撑侧手臂。

3 头部与躯干向非支撑侧旋转，直至躯干前侧有一定的牵拉感，同时目视非支撑侧上方。如此循环进行，完成规定的次数。换对侧重复。

要点提示

- 躯干挺直，脊椎旋转时，下半身保持不动。

● 直臂绕环

全程保持均匀呼吸。

要点提示

● 手臂向后环绕时，肩胛骨夹紧，手臂始终保持伸直。

1 身体呈直立姿势，核心收紧，背部挺直，双脚开立，双脚间距约等于肩宽，双臂自然垂于身体两侧，挺胸抬头，目视前方。

2 双臂伸直，先向后向上、再向前向下做环绕动作。回到起始姿势，完成规定的次数或时间。

附录　热身与放松

189

● 行进弓步

起身时呼气，下蹲时吸气。

1 身体呈直立姿势。双脚开立，间距小于肩宽，核心收紧，挺胸收腹，双手叉腰。

2 抬一侧腿向前迈出一步，呈弓步姿势。

训练目标　**力量**

训练部位　**腿部、臀部**

所需器材　**无**

主要肌肉　**下肢肌群**

要点提示

- 动作过程中，躯干直立，膝盖和脚尖一致向前。
- 前侧腿屈膝屈髋约90度。

3 换对侧重复。两侧交替进行，完成规定的距离。

● 侧弓步

训练目标 **柔韧性、平衡性**　　所需器材 **无**

训练部位 **腿部、髋部**　　主要肌肉 **髋内收肌**

全程保持均匀呼吸。

1 身体直立，双脚开立，大于肩宽，核心收紧，挺胸抬头，目视前方，双手叉腰。

2 身体重心移至一侧腿上，呈侧弓步。双脚脚尖朝前，全脚掌贴地。身体下蹲，对侧腿伸直，保持该姿势1~2秒。

要点提示

● 保持胸部和背部挺直，脚尖始终向前，下蹲时重心稳定且膝关节不要超过脚尖。

3 换对侧重复。两侧交替进行，完成规定的次数或时间。

● 克力欧卡舞/交叉步

训练目标　灵敏性、灵活性

训练部位　腿部、髋部

所需器材　无

主要肌肉　下肢肌群、髋部肌群

要点提示

● 侧向移动时，保持身体面向正前方。

随着动作节奏均匀呼吸。

1 呈站姿，身体挺直，双脚开立，间距约等于髋宽，双臂侧平举。

2 双腿发力，双脚前后交叉，侧向移动至规定的次数或距离。

● 跪撑—肘膝触碰

1

身体呈俯身跪姿，双手、双膝和双脚脚尖触垫，双臂伸直，保持双膝位于髋部正下方。

肘膝相碰时呼气，伸展时吸气。

2

保持躯干挺直，核心收紧，抬一侧手臂沿耳朵向前伸直至大约与地面平行，同时抬对侧腿至大约与地面平行。

要点提示

● 动作过程中，保持躯干不向一侧倾斜。

3

保持支撑手和支撑腿的稳定，非支撑侧屈肘屈膝，让肘部在躯干下方碰触膝部。重复以上动作，完成规定的次数。换对侧重复。

◎ 放松推荐练习

● 肩部拉伸

全程保持均匀呼吸，随着拉伸幅度的增大加深呼吸深度。

训练目标　柔韧性、灵活性
训练部位　肩部
所需器材　无
主要肌肉　肩部肌群

要点提示

● 背部直立，身体不要向一侧歪斜。

身体挺直，双脚开立，双手在肩胛骨处触碰，使肩部有一定的牵拉感，保持该姿势至规定的时间。换对侧重复。

● 颈部侧屈拉伸

全程保持均匀呼吸，随着拉伸幅度的增大加深呼吸深度。

训练目标　柔韧性
训练部位　颈部
所需器材　无
主要肌肉　胸锁乳突肌、斜方肌

2

头向一侧倾斜，使耳朵靠向同侧肩部，保持该姿势至规定的时间。换对侧重复。

1

呈站姿，身体挺直，双脚开立，双臂自然垂于身体两侧。

要点提示

● 动作过程中，躯干和下肢始终保持在中立位。

● 三角肌拉伸

全程保持均匀呼吸。

1

呈站姿，一侧手臂屈肘，手搭在对侧肩上，对侧手按住拉伸侧肘关节。

2

对侧手将拉伸侧手臂水平拉向躯干，使肩部后侧有一定的牵拉感，保持该姿势至规定的时间。换对侧重复。

训练目标 **柔韧性**

训练部位 **肩部**

所需器材 **无**

主要肌肉 **三角肌**

要点提示

● 辅助手将拉伸侧手臂水平推向躯干，全程不要耸肩。

● 三角肌后束-被动拉伸

全程保持均匀呼吸。

1

双脚开立，间距约等于肩宽，背部挺直，核心收紧，挺胸抬头，目视前方。

2

一侧手臂内收，向对侧侧平举，对侧手肘屈曲，锁住伸直的手臂，向身体方向拉动，直至三角肌后束有一定的牵拉感，保持该姿势至规定的时间。换对侧重复。

训练目标　**柔韧性**

训练部位　**肩部**

所需器材　**无**

主要肌肉　**三角肌后束**

要点提示

● 拉伸过程中不要转体。

● 泡沫轴–肱二头肌按压

全程保持均匀呼吸。

1

屈髋屈膝跪于瑜伽垫上，呈俯身跪姿。一侧前臂撑于瑜伽垫上，对侧手臂伸直并置于泡沫轴上。

2

移动身体，使泡沫轴在上臂前侧来回滚动，滚动时在肌肉酸痛点上停留一定的时间。完成规定的次数或时间，换对侧重复。

其他角度展示

训练目标 **柔韧性、恢复再生、激活放松**
训练部位 **手臂**
所需器材 **泡沫轴、瑜伽垫**
主要肌肉 **肱二头肌**

要点提示

● 滚动泡沫轴时，核心收紧，重点体会肱二头肌的按压感。

● 泡沫轴-肱三头肌按压

全程保持均匀呼吸。

附录　热身与放松

1

身体呈侧卧姿势，一侧手臂屈曲，同侧手支撑头部，泡沫轴置于同侧上臂下方，对侧手臂屈曲位于体前，对侧手支撑于瑜伽垫上。

2

移动身体，使泡沫轴在上臂后侧来回滚动，滚动时在肌肉酸痛点上停留一定的时间。完成规定的次数或时间，换对侧重复。

其他角度展示

训练目标　柔韧性、恢复再生、激活放松

训练部位　手臂

所需器材　泡沫轴、瑜伽垫

主要肌肉　肱三头肌

要点提示

● 滚动泡沫轴时，核心收紧，重点体会肱三头肌的按压感。

● 泡沫轴-下背部按压

1

身体呈仰卧姿势，双腿屈膝，将泡沫轴放在背部的下方，双臂交叉环抱于胸前，核心收紧。

全程保持均匀呼吸。

2

双腿屈伸，带动身体前后移动，髋部抬高，使泡沫轴在中背部与腰骶部之间来回滚动，滚动时在肌肉酸痛点上停留一定的时间。完成规定的次数或时间。

其他角度展示

要点提示

● 滚动泡沫轴时，核心收紧，重点体会下背部的按压感。

训练目标　柔韧性、恢复再生、激活放松
训练部位　下背部
所需器材　泡沫轴、瑜伽垫
主要肌肉　背阔肌、竖脊肌

● 泡沫轴-阔筋膜张肌按压

要点提示

● 滚动泡沫轴时，核心收紧，重点体会阔筋膜张肌的按压感。

训练目标 柔韧性、恢复再生、激活放松
训练部位 腿部
所需器材 泡沫轴、瑜伽垫
主要肌肉 阔筋膜张肌

全程保持均匀呼吸。

1

身体呈侧卧姿势，将泡沫轴置于一侧腿髋部外侧偏前处，双手分开并撑于瑜伽垫上。压住泡沫轴的腿伸直，对侧腿屈髋屈膝置于身体前方。

2

屈曲腿蹬地，带动身体移动，使泡沫轴在髋部外侧偏前处来回滚动。滚动时在肌肉酸痛点上停留一定的时间。完成规定的次数或时间。换对侧重复。

● 仰卧单腿转髋

全程保持均匀呼吸。

1 身体呈仰卧姿势，双腿并拢伸直，双臂侧平举，自然置于瑜伽垫上，掌心朝下，目视正上方。

2 上肢与躯干不动，一侧腿屈髋屈膝，向对侧地面旋转，直至目标肌肉有一定的牵拉感，保持该姿势至规定的时间。换对侧重复。

其他角度展示

要点提示

● 肩部、颈部放松。
● 上背部不要离开瑜伽垫。

训练目标　柔韧性

训练部位　背部、臀部

所需器材　瑜伽垫

主要肌肉　臀大肌、竖脊肌

附录　热身与放松

201

俯卧–两侧转体看脚跟

转体时呼气，回到起始姿势时吸气。

1 身体呈俯卧姿势，双臂伸直支撑躯干。

训练目标　柔韧性
训练部位　腹部
所需器材　瑜伽垫
主要肌肉　腹部肌群

2 下肢不动，头部与躯干向一侧旋转，看向同侧脚跟，直至目标肌肉有一定的牵拉感，保持2~3秒。

要点提示

● 保持大腿与垫面接触。

3 下肢依然不动，换对侧重复。两侧交替进行，完成规定的次数。

● 菱形肌拉伸

全程保持均匀呼吸。

1

身体呈坐姿，双腿屈膝，双手交叉抱住大腿后侧，目视前方。

2

双手与腿部不动，含胸低头，直至菱形肌有一定的牵拉感。保持该姿势至规定的时间。

其他角度展示

训练目标　柔韧性

训练部位　背部

所需器材　瑜伽垫

主要肌肉　菱形肌

要点提示

● 拉伸过程中，下半身保持不动，双手适当用力。

● 内收肌–坐式主动拉伸

1

身体呈坐姿，背部挺直，双腿屈膝，双脚脚掌靠拢，双手分别握住同侧脚踝，并将前臂压在膝部内侧，目视前方。

2

当胸部向双腿中间逐渐靠拢时呼气，拉伸过程中，保持均匀地呼吸。

头部、胸部缓慢向双腿中间靠拢，直至髋内收肌有一定的牵拉感。保持该姿势至规定的时间。

其他角度展示

训练目标 **柔韧性**

训练部位 **大腿**

所需器材 **瑜伽垫**

主要肌肉 **髋内收肌**

要点提示

● 保持核心收紧，背部挺直。

● 臀肌、躯干伸肌和胸肌拉伸–仰卧脊椎扭转

全程保持均匀呼吸。

1 身体呈仰卧姿势，屈曲双膝，双脚支撑于瑜伽垫上，双臂向两侧伸直并放在地面上，掌心朝下。

2 髋部和双膝最大限度地向身体一侧扭转，同时头向对侧旋转，直至目标肌肉有一定的牵拉感，保持该姿势1~2秒。

3 换对侧重复。两侧交替进行，完成规定的次数。

训练目标　**柔韧性、灵活性**

训练部位　**背部、臀部、胸部**

所需器材　**瑜伽垫**

主要肌肉　**竖脊肌、胸大肌、臀大肌**

要点提示

● 颈部和肩部放松。

● 跪式起跑者弓步

全程保持均匀呼吸，随着拉伸幅度的增大加深呼吸深度。

● 膝盖与脚尖均保持朝前。

训练目标　柔韧性
训练部位　髋部
所需器材　瑜伽垫
主要肌肉　髂腰肌

1 身体呈分腿跪姿，一侧腿在前，屈膝约90度，对侧腿在后，膝盖和脚尖触垫，躯干挺直，双手置于前侧腿膝关节上，目视前方。

2 髋部向前移动，同时手臂向前下方推前侧腿，直至髂腰肌有一定的牵拉感，保持该姿势至规定的时间。换对侧重复。

● 腹肌-主动拉伸-动态眼镜蛇式

训练目标　柔韧性
训练部位　腹部
所需器材　瑜伽垫
主要肌肉　腹直肌

推起身体时呼气，还原时吸气。

1 身体呈俯卧姿势，双手与前臂触垫支撑躯干。

要点提示

● 拉伸过程中，髋部和大腿尽可能接触瑜伽垫。

2 下肢不动，双臂伸直，将胸部推离地面，直至腹直肌有一定的牵拉感。完成规定的次数或时间。

附录　热身与放松

● 蝴蝶翅膀式

全程保持均匀呼吸，随着拉伸幅度的增加加深呼吸深度。

● 保持背部挺直，拉伸幅度逐渐加大。

1

坐于垫上，屈膝屈髋，双脚脚掌靠拢，双手握住脚尖，背部挺直。

2

双膝上下移动，使大腿内侧有一定的牵拉感。完成规定的次数或时间。

其他角度展示

训练目标　**灵活性、柔韧性**

训练部位　**髋部**

所需器材　**瑜伽垫**

主要肌肉　**髋内收肌**

附录　热身与放松

● 彩虹式

● 保持骨盆稳定，避免身体前倾或后仰。

全程保持均匀呼吸。

训练目标 柔韧性

训练部位 背部、腹部

所需器材 瑜伽垫

主要肌肉 背阔肌、腹内斜肌、腹外斜肌

侧卧于垫上，双腿伸直并叠放在一起。双臂伸直，尽可能在一条直线上，下侧手撑在垫上合适的位置，使躯干下侧面有一定的牵拉感，保持该姿势至规定的时间。换对侧重复。

● 蝴蝶式

全程保持均匀呼吸，随着拉伸幅度的增大加深呼吸深度。

要点提示

● 动作过程中，保持屈膝屈髋约90度。
● 髋关节外展，直至髋内收肌有牵拉感。

1 仰卧于瑜伽垫上，屈膝屈髋约90度，双手放于膝部附近。

训练目标 柔韧性

训练部位 髋部

所需器材 瑜伽垫

主要肌肉 髋内收肌

2 保持屈膝屈髋，双手向外施加力量，让髋关节尽可能地外展，直至髋内收肌有一定的牵拉感。完成规定的次数或时间。

● 猫狗式-胸椎伸展

低头时吸气，抬头时呼气。

1 身体呈俯身跪姿，双臂伸直，双手撑垫，指尖朝前，核心收紧，背部挺直，与地面基本平行。

2 收腹收臀的同时吸气，背部尽可能地向上拱起。

3 在呼气的过程中，背部尽可能地向下屈曲，头部抬起，目视前方。如此循环进行，完成规定的次数。

其他角度展示

训练目标 **柔韧性、灵活性**

训练部位 **胸椎**

所需器材 **瑜伽垫**

主要肌肉 **背阔肌、菱形肌、腹部肌群、胸部肌群**

要点提示

● 双臂伸直，尽量与地面垂直，双脚脚尖触垫。

● 泡沫轴–小腿后侧按压

要点提示

● 滚动泡沫轴时，核心收紧，重点体会小腿三头肌的按压感。

训练目标 柔韧性、恢复再生、激活放松
训练部位 小腿
所需器材 泡沫轴、瑜伽垫
主要肌肉 腓肠肌、比目鱼肌

全程保持均匀呼吸。

1 身体呈坐姿，双腿交叉，泡沫轴置于下侧腿小腿下方，双臂内旋伸直，双手撑于体后，手指指向前方。

2 移动身体，使泡沫轴在小腿上来回滚动，滚动时在肌肉酸痛点上停留一定的时间。完成规定的次数或时间，换对侧重复。

参考文献

[1] 中华人民共和国教育部 . 教育部关于印发《国家学生体质健康标准（2014 年修订）》的通知 [EB/OL].(2014-07-07)[2021-02-20].

[2] 张一民 . 切实提高学生体质健康水平——《国家学生体质健康标准（2014 年修订）》解读 [J]. 体育教学 ,2014,34(9):5-10.

[3] 王瑞元 , 苏全生 . 运动生理学 [M]. 北京 : 人民体育出版社 ,2011.

[4] 苏平 , 王新国 , 杨亚红 . 论难美技能类项群的美学特征与技术创新 [J]. 体育成人教育学刊 ,2003.

[5]BALYI I, WAY R, HIGGS C. Long-Term Athlete Development. Champaign: Human Kinetics, 2013.

[6] 王雄 . 儿童身体训练动作手册 : 拉伸训练 [M]. 北京 : 人民邮电出版社 ,2020.

[7] 医学名词审定委员会 , 运动医学名词审定分委员会 . 运动医学名词 [M]. 北京 : 科学出版社 ,2020.

[8]ROSENTHAL M, BAIN S H, HELMS P, et al. Lung function in white children aged 4 to 19 years: I—Spirometry[J]. Thorax, 1993, 48(9): 794-802.

[9]PERALTA G,FUERTES E,GRANELL R, et al. Childhood body composition trajectories and adolescent lung function: findings from the ALSPAC study[J].American journal of respiratory and critical care medicine,2019(1):75-83.

[10]UBLOSAKKA-JONES C, TONGDEE P, PACHIRAT O, et al. Slow loaded breathing training improves blood pressure, lung capacity and arm exercise endurance for older people with treated and stable isolated systolic hypertension[J]. Experimental gerontology, 2018, 23(3): 48-53.

[11] 郭梅英 , 阎克乐 , 尚志恩 . 放松训练和腹式呼吸对应激的影响 [J]. 心理学报 ,2003,34(9):5-10.

[12] 运动生物力学编写组 . 运动生物力学 : 第 2 版 [M]. 北京 : 北京体育大学出版社 ,2020.

主编简介

王雄

清华大学运动人体科学硕士，体育教育训练学博士，副研究员；国家体育总局训练局体能训练中心创建人、负责人；国家体育总局备战 2012 年伦敦奥运会身体功能训练团队召集人，备战 2016 年里约奥运会身体功能训练团队体能训练组组长；为游泳、排球、乒乓球、羽毛球、体操、跳水、举重和帆板等十余支国家队提供过体能测评和训练指导服务；中国体育科学学会体能训练分会常委，北京体育科学学会体能分会副主任委员，北京体能训练协会常务理事；清华 – 长三角研究院特聘研究员；《身体功能训练动作手册》和 "儿童身体训练动作指导丛书" 主编；译有《精准拉伸：疼痛消除和损伤预防的针对性练习》《体育运动中的功能性训练（第 2 版）》《自由风格训练：4 个基本动作优化运动和生活表现》《美国国家体能协会力量训练指南（第 2 版）》等书，在《体育科学》、*Journal of Sports Sciences* 等中外期刊发表文章十余篇；研究方向包括身体训练（专业体能和大众健身）、健康促进工程和青少年体育等。